做学生欢迎的
班主任

李
迪

著

长江出版传媒 | 长江文艺出版社

图书在版编目（ＣＩＰ）数据

做学生欢迎的班主任 / 李迪著.-- 武汉：长江文
艺出版社，2021.4
　　（大教育书系）
　　ISBN 978-7-5702-0962-0

　　Ⅰ.①做… Ⅱ.①李… Ⅲ.①班主任工作 Ⅳ.
①G451.6

中国版本图书馆 CIP 数据核字(2021)第 026178 号

责任编辑：马　蓓　　　　　　　　　　责任校对：毛　娟
封面设计：天行健设计　　　　　　　　责任印制：邱　莉　　王光兴

出版：长江出版传媒 ｜ 长江文艺出版社
地址：武汉市雄楚大街 268 号　　　　邮编：430070
发行：长江文艺出版社
http://www.cjlap.com
印刷：武汉中科兴业印务有限公司

开本：720 毫米×970 毫米　　　1/16　印张：16.125　　　插页：1 页
版次：2021 年 4 月第 1 版　　　　2021 年 4 月第 1 次印刷
字数：193 千字

定价：39.80 元

投入地爱一次，忘了自己……

2009 年 6 月，我出版了自己的第五本书《做学生欢迎的班主任》。几年来，它受到了很多读者的欢迎，重印 8 次以上。如今，非常感谢长江文艺出版社马蓓编辑的邀约，让这本书有再版的机会，也让我能在 2020 年防疫时期，静下心来重温过去的带班故事。联想到我现在的班主任工作和生活，真真乃一半儿感慨一半儿欢喜。

被过去的人和事净化、滋养，不亦说乎？

何况，那欢笑，那气恼，那激昂的演讲，那温情的抚慰，甚至和学生闹矛盾的哭喊啊……都在毫不吝啬地温暖着我，照耀着我。再莫说带学生载歌载舞迎元旦是辛苦，也别觉得春风里和学生踏青游玩是浪费时间，更别提调解学生"小小三人帮"的友情是辛劳憔悴，甚至为了调节学生紊乱了的生物钟，我在执行班规过程中的受阻、流泪、被罚，直至学生的陪罚……一波三折、跌宕起伏，有纯真、有虚伪，有汗水、有泪水，有自信、有违心，有骄傲、有尴尬……这一切的一切，都在充盈着我的人生，都是难能可贵的财富，不是吗？

投入地爱一次，忘了自己……

从没有积极主动地去探索师生交往艺术的班主任，从不曾动一番心思去策划班级活动的班主任，如何能体验到人生的多彩？如何在回首过去时来一句赞叹："往事并不如烟！"

非常喜欢《红与黑》的作者、法国小说家司汤达的墓志铭："米兰人亨利·贝尔安眠于此。他活过，写过，爱过。"

我希望自己也能在年迈时，向别人介绍自己：我叫李迪，曾经的一线班主任，活过，爱过，做过，写过。

教师生涯如同一场球赛，有人是观众，有人是运动员，有人是评论员。有人从来没有当过班主任。他（她）所做的一切都是被动的，他（她）自然也会批改作业、辅导学生，但上完课夹着书本就走。在课堂上遇到学生捣乱，自有班主任接招……他（她）在学校像一个观众。他（她）在学生的成长过程中，更像是一个旁观者，甚至像一个评论员。他们会去评论某个班级的班风积极向上，某个班级的学生非常沉闷。他们会评论某个班主任工作方法不得当……却从来没有主动积极参与到陪伴学生的成长中来。他（她）恐怕一辈子都品尝不到做一个运动员，积极主动去挑战输赢的乐趣。

一场球赛，输赢可以左右观众的情绪，但观众对于球赛的输赢其实起不了多大作用。对输赢能起作用的，还是运动员。

那么，亲爱的读者，在自己的职业生涯和学生的成长中，您愿意做观众、做评论员，还是做运动员？

您是否愿意做一个受学生欢迎的班主任，去爱，去参与，去记录，去分享？

沈从文说：照我思索，可理解我。

李迪说：照我所写，可遇见最美好的自己。

这是一本温暖的书。这是一本有用的书。这是一本能够给您带来被理解、被同情等愉悦感觉的书。通过文字，您随时能触摸到一颗激烈跳动的心灵和最真实的感情，在受到伤害、遇到困难痛苦时，那簌簌的泪水、那紧锁的眉头和毫不自持的生气、宣誓、恼怒、愧疚、道歉……能让人感受到最真切的心，绝不虚伪、绝不矫揉、绝不造作。一件小事，一篇小文，一句嗔怪，一个眼神，或嫣然一笑，或几声牢骚……能让人有似曾相识的感觉和心有灵犀的会意。我相信一切真诚的哭和笑，都可以赢得真诚的关系。

这些文章是经历过读者的考验的。

从 2005 年起，我在网上发表自己的班级故事，从教育论坛到博客再到公众号，许多老师从头看到尾，不禁感叹，说我的描述和他们的教学生活一模一样；说他们看我的日记时，和我一起欢喜一起担忧；与其说这是班级成长日记，不如说它是反映班主任酸甜苦辣的随笔……这次再版，我曾想认真修改，但我做不到。这些文字里浸着爱、含着情，还流着泪，虽然时间在流逝，但每次阅读我都跳不出当时写日记的情绪，只一味随着事态的发展兴奋、激动、欢欣、伤感，就这样读着、叹着、心潮澎湃着，无法下笔。我没有办法不忠实于自己的灵魂。我无论怎样修改都不满意。我终于明白，这些文字已经有了自己的生命。在这里，我不是编剧，不是导演，只是演员。以学生的性格和我当时的能力，班级故事的发展，根本就不受我的控制……

张德芬老师有一句名言：亲爱的，外面没有别人，只有你自己。

我今天也告诉你：亲爱的，这里没有高高在上的专家和正襟危坐的学者，只有我们一线班主任自己。我的或哭或笑，或成功或失败，或欣喜或伤感……都会让你有似曾相识之感。这里并不只描写教育的脉脉温情，也描写师生交往中的闪电雷鸣。但是，最后，所有的问题都迎刃而解了，即使我走得跌跌撞撞，也都能化险为夷……这才是最大的价值所在：你的苦恼，我都有，甚至比你还要棘手。但是最后，却都圆满解决了。

你不想知道这是为什么吗？

一切果真都是最好的安排。

这么多年来，不断学习、思索的我，在理念上有了较大的进步。既然过往的历史难以重来，就让现在的我来分析往昔，对那些故事的失误或成功……做一个提升和总结。

　　所以，再版的这本书，我在原有基础上，增加了这些年新的思考，多了一些方法的提炼，也做了一些案例的优化和替换。

　　弗洛伊德说：去爱，去工作。

　　那就让我们一起，投入地爱一次，忘了自己……

2020 年 3 月 30 日

前言： 学生没有难为我！

我如此宣布："学生没有难为我！"

但是，深谙我性格特征的大学同学不相信，他们一听说我担任着班主任，便如同看见太阳打西边出来般惊叫："你？这么单纯！做班主任？怎么可能……"转而又对我表示同情："当优秀班主任的女教师，一般都要很能干很要强的，可是你……一定受了学生不少委屈吧！你怎么可能管住那些正值青春期、桀骜不驯的孩子呢？"

……

听此言，我不禁想起2005年我当新生班主任，的确有学生在见我第一面后议论："咱们的班主任这么温柔，将来一定很好欺负……"谁知从入学到毕业，他们不但没有欺负我，还很心疼我。何况，我只是外表温柔，真实的性格里，也不乏"顽皮"的成分呢！

我把这席话说出来，朋友们依然不相信。他们早听说了如今学生的素质参差不齐；他们早感受过班主任工作的辛劳憔悴、艰难迷茫。

于是，我缓缓谈起了自己和学生的故事：我们如何在春天里一起种植美人蕉；如何在森林公园历险、游玩；如何在狂欢夜到绿荫广场体会冬的气息；如何在每学期探讨关于爱情的话题；如何在冬至兴致勃勃地包饺子；如何在元旦载歌载舞迎新春……我谈到了自己在班风每况愈下时如何力挽狂澜，掀起"整顿班风运动"；如何"二桃杀三士"，成功瓦解班级里和我捣乱的"小团伙";如何驱迷雾见太阳一次次成功破获班级失窃案;如何在谈笑间"四两拨千斤",解决女生的矛盾和纠纷;如何以柔克刚、以退为进赢得学生的理解和关爱;如何……

是的,我的学生脾气火辣、个性张扬、桀骜不驯、毛病重重,陪伴他们成长的道路,自然是一波三折、崎岖蜿蜒;师生间的交往,也是一咏三叹、爱恨交加。但无论我们有着怎样的争执和冲突,都是以"爱"为主旋律。我不得不承认,他们很"热",他们懂得好歹。无论多么淘气的孩子,只要看见我背着笔记本电脑行走在校园里,都会飞奔过来减轻我肩头的负担;无论一个小时前我们师生曾有着怎样的矛盾冲突,一旦和我走在一起,他们都会殷勤地开门、让路……十多年班主任工作,我每天都在播种着希望,收获着温情。尽管笑中也有泪,乐中也有哀,但这些顽皮孩子真的没有难为我。

还记得2004年春,我不小心摔了一跤,导致左臂两处骨折。那段时间,我常常到学生寝室午休,学生会细心地为我铺床叠被,帮我梳头,甚至为我系鞋带。当师生的情义转化为亲情,一切教育便可进行得了无痕迹。

我曾经带过一个八面玲珑的学生菁菁,惯于瞒天过海、投机取巧,自己在幕后操纵,使得班级鸡飞狗跳,师生离心离德。我们师生冲突最厉害的时候,我曾要求学校开除她,我曾带领全班同学"孤立"她,目的只是为了让她回心转意。但是,就是这样的学生,在毕业前一个晚上,得知我因忙碌没有吃晚饭,便跑了二十多分钟的路程,去为我买了"台湾六合包"——不是学校附近没有包子,只是因为那家"台湾六合包"最好吃。

还有一个情窦初开、做事不善思索、闯祸不断的圆圆,在犯了大错,被学校劝退后,逢年过节,都给我发问候的短信、回学校来看我,请看我当时的日记:

2006 年 9 月 21 日　　多云

老师没有把月亮送给你……

孩子，你来短信了！

你说："八月十五中秋节快到了，送您一个月饼，含量成分：100%纯关心；配料：甜蜜＋开心＋宽容＋忠诚＝幸福；保质期：一辈子；保存方法：珍惜！"

我不知道这是你的祝福，回复道："谢谢您！但是您怎么不留姓名呢？"

片刻时间你回复："我是您的学生！谢谢李老师在学校对我的照顾。我是'刺麻苔'班一只离群的小鸟。如今我已经离开了咱班。亲爱的李老师，您猜到我是谁了吗？学生永远爱您！"

看到如此动情的话，我的心怎能不震颤？我怎么能不猜到是你？于是问："圆圆，是你吗？你还好吗？"

短信答："嗯！谢谢老师还记得我。我是您最失败的学生，我给咱们班抹黑了。我现在还好！您要注意身体，不要太累了！中午要午休，祝您节日快乐！全家和和美美！"

我的眼泪几乎要流下来，忙回答："圆圆别这么说，你还是老师的好学生。老师永远牵挂你、祝福你！"

孩子，你还在发短信，我忽然没有勇气再打开，老师感情很脆弱，只感觉自己愧对于你。恍惚中如有丝丝扯不断的情丝，将你我师生相处的一幕幕显现出来：新生入学军训时，我每次到寝室，你都在整理内务；运动会上，你忍病飞奔夺得冠军；得红旗后，你抱着我欢呼跳跃；我毫不留情揭穿你的谎言，你尴尬无比；旷课后你和妈妈在电话里争吵，我气得发抖，师生在办公室赌气互相不搭理；你为父亲的赌博担忧，我们一起流泪；寝室里我要找和你要好的男生谈话，你拉着我的胳膊撒娇……后来，你失踪了。不错！你有毛病，你曾经旷课、夜不归宿、借钱不还……但在社会上流浪一段时间后，你知错了！你要求回来，你那么信任我，求我收留你。可是，这一切并不是我说了算的。孩子，你失望地走了。这一学期开始，你回来还清了自己的所有债务，过节还不忘给老师一声问候。

孩子啊！你在外边要多保重！！我知道，我一直都知道，如果你回来，你会珍惜在学校的日子。可是有些错误不能一犯再犯。原谅老师！老师对不起你，老师没有把月亮送给你……

圆圆最终还是离开了我们班，但是，我知道她始终没有离开我，我们师生的心贴得依然很近很近。教育，不能太过功利化，更不能因为学生失学，就认为他很失败，如同我们不能认为学生一直在学校，他就肯定能成才一样。圆圆经历了许多风波后，离开学校，她会对学校产生一种美好的感情，她会有温馨的回忆。这个回忆将陪伴她一生。至少，她真诚地留恋自己在学校接触的人——老师、同学，这样的人走向社会，也坏不到哪里去。因为在她的内心深处，已经埋下了向上、向善的种子，她也很可能会成为社会的有用之才。因此，我总感觉自己对孩子的教育是一粒粒撒在他们心田的种子。这种子不一定晚上播种，早晨便能吐出嫩芽。但只要这种子是饱满的，是有生命力的，有朝一日终会在孩子的心里扎根、发芽、抽枝、开花、结果。所以，面对教育，教育者需要保持一颗平常的心，不求急功近利，只求顺其自然，用这样的心态和学生交往，怎么会不收获真诚的情义？

2008年10月中旬，我收到了西安户县一位陌生教师的来信。他是在杂志上看了我的文章后，给我写信的，信中提出了好多问题，其中有一条是:"李迪老师,我感觉你和学生的感情非常深厚,像姐妹、朋友一样,我怎样才能做到这一点呢?……"

我一时思绪万千,不知道该如何回答。人间感情本就微妙复杂,我与学生"真爱""真情感"的产生,自然也难以用三言两语描述。现在,我用自己翔实的例子告诉读者朋友,我们师生的情感从哪里来。为什么在我和一些"问题学生"的交往、甚至冲突中,一直是以爱为主旋律。

2008 年 6 月 22 日

目　录

第一章　开展有趣的班级活动

　　——和谐师生关系的妙招　/ 001

　　一、班级活动的意义　/ 003

　　二、班级活动的内容　/ 014

　　三、班级活动的形式　/ 032

　　四、班级活动的设计　/ 039

　　五、班级活动的准备和开展　/ 043

　　六、班级活动的评估与拓展　/ 045

第二章　打造良好的班风

　　——奠定和谐师生关系的基调　/ 055

　　一、问题出现，山雨欲来风满楼　/ 056

　　二、新班规的"三把火"　/ 060

　　三、有板有眼强后弱　/ 062

　　四、班主任违纪，与学生同"罚"　/ 069

　　五、旗开得胜，取消"连坐"　/ 074

第三章　与"小团伙"的相处

——让"小团伙"成为和谐师生关系的催化剂 / 077

一、做"黏合剂"，增强班级凝聚力 / 079

二、做"旁观者"，对"小团伙"成员的矛盾做暗中指点 / 082

三、卖个"人情"，让"小团伙"成员成为班主任的助手 / 085

四、巧用"离间计"，粉碎捣乱的"友伴群" / 087

第四章　"野蛮女生"转化记

——如何和女生建立良好的关系 / 095

一、恐惧，缺乏安全感 / 097

二、习惯性打架 / 102

三、发泄 / 113

四、班级间学生的纠纷 / 120

第五章　"局外人"看男生教育

——和男生建立良好的关系 / 135

一、以柔克刚 / 136

二、理解、信赖 / 142

三、寻找学生的兴趣点 / 150

第六章　爱情教育奏鸣曲

——"早恋"是拉近师生关系的契机 / 159

一、第一学期：主导班级舆论 / 160

二、第二学期：帮助学生控制自己 / 165

三、第三学期：有效的引导 / 168

四、最后一学期：临别赠言 / 170

第七章　师生的感情从哪里来

——和谐师生关系的几个原则 / 187

一、利用节假日或特殊的日子拉近师生心理距离 / 188

二、适度的引导 / 193

三、巧用外力 / 199

四、宁要真诚的生气，不要虚假的关心 / 204

五、以退为进 / 208

六、公平、公正、尊重——赢得"问题学生"的信任 / 219

七、宠辱不惊，宁静淡泊——让自己成为快乐的源泉 / 229

附录　不利于师生感情和谐的原因 / 234

一、教学单调乏味，无法激发学生的学习兴趣 / 235

二、作风武断，不听学生的见解 / 236

三、不当惩罚，教育方法失误 / 236

四、缺乏公正心态，偏心严重 / 237

五、形成家长观念，企图控制学生 / 237

六、推卸责任，对学生家长不满 / 237

后记　老师的柔情，学生怎样才懂 / 239

第一章

开展有趣的班级活动

——和谐师生关系的妙招

我把它——班级活动——当成了和谐师生关系的妙招。

担任班主任工作的时间长了，性格各异的学生见识得自然就多，久而久之，笔者竟生出几分感慨：校规校纪里的记过、处分、劝退、开除等条文，对一般学生有效，对部分桀骜不驯、逆反偏激、久经"沙场"的"辣"孩子则不然，他们早就对那些条文熟视无睹、无所畏惧（这席话大家略一思索便可达成共识：校规校纪里的条文若有效果，孩子的毛病不会保留到高中阶段，并有变本加厉的趋向），教育效果自然微乎其微。《道德经》第七十四章有云："民不畏死，奈何以死惧之？若使民常畏死，而为奇者，吾得执而杀之，孰敢？……"人民不畏惧死亡，为什么用死亡来吓唬他们呢？假如人民真的畏惧死亡的话，对于为非作歹的人，我们就把他抓来杀掉，谁还敢为非作歹？……

老子的这一言论让我想到：当孩子们已经不怕被记过、被处分，甚至被劝退、被开除时，我们何苦还要依赖校规、校纪，勃然大怒、暴跳如雷，以破坏师生感情为代价，来教训他们？

在这里，我绝对没有轻视校规校纪的意思，民主总是和"法治"并行存在的。本文只是说，任何制度都是一把双刃剑，倘若我们运用不当，这些外在的束缚甚至会成为将孩子们从学校推向网吧、推向深渊的帮凶，老师们"奈何以死惧之"？

一个优秀的教师自当十八般武艺样样精通。抛去没有效果的严防死守、校规校纪、大发雷霆，我们能否找到和谐师生关系、吸引"问题"学生回归到班级怀抱的有效做法？能否尽可能避免"一颗老鼠屎，坏了一锅粥"，而让班级成为熊熊燃烧的大火，进一步达到"火大无湿柴"的目的？

答案是肯定的，方法也是多样的。其中比较有效的方法之一就是——组织班级活动。

可以肯定地说，一个优秀的班级，一定是经常举办一些有意义活动的班级。

中国人做事讲究"迂回曲折",如同戏曲里的青衣走台步,明明可以直奔主题,却偏偏要走一个圆场,衣袂飘飘处,人美歌美行动美。班主任带班自然也不例外。比如,有个学生毛病极大,班主任希望帮助他养成良好的行为习惯,但我们若直接告诉他:"你这样做不行,要按照我说的做才好!"这是简单的道德归因、是非判断,显然不能让学生心悦诚服,甚至会激起他们的逆反心理。这时,运用活动来帮助学生成长,便是最有效的方式之一。

其实,开展有益的班级活动能帮助学生成长,有其深厚的理论依据。从心理学角度来分析,从信息接收者的角度来看,没有人心甘情愿地俯首帖耳、聆听教诲。被别人耳提面命本身就是一种不平等,显示了信息接收者弱者的身份。而自尊又使每个人都渴望成为强者,渴望依靠自身力量去发现问题、解决问题,获得真理性的信息,体验理智感,体验自我教育、自我发展的快乐,体验发现和领悟的成就感。具体到现在的学生,他们不愿轻易接受成年人的意见,有着强烈的自我意识和逆反心理,思维活跃、多愁善感,又极爱面子,以自我为中心。当我们把一切知识都直白地告诉学生时,孩子们会感觉没有味道、没有意思。而班级活动,恰好就能让学生在讨论、在游戏里去发现、体验一些道理,这便满足了他们成长的欲望。既维护了信息接收者(学生)的自尊,又满足了信息接收者的需要(比如学习的需要),同时保住了信息接收者的面子。

所以,班级活动在学生成长中,能够弥补校规、校纪的缺陷,同时能够和谐师生感情,值得一线班主任认真思索一番。

一、班级活动的意义

首先,班级活动是班主任变手忙脚乱为悠闲智慧的妙招之一。

还记得 2006 年,我所带的"刺麻苔"班,多数学生个性张扬、刁蛮任性、古灵精怪、桀骜不驯：她喝酒了；她丢钱了；她打架了；她恋爱了；她失恋了；她旷课了；她出走了；她发癔症了；她跳楼了……一个个突发事件如同滚开的水，此起彼伏，摁下葫芦浮起瓢，只让我目瞪口呆、手忙脚乱，每每有力不从心之感，教学生活也因此变得"一地鸡毛"。此时便有有识之士为我提议："你要多搞班级活动啊！你要多设计情景，别被动地等学生制造状况。你要让自己成为导演，主动出击，一个活动接一个活动地策划，让你这帮'小捣蛋'穷于应付。等她们忙起来后，你自然就安生了……"

按照高人的指点，我静下心来，运用"防患于未然"的理论，策划种种活动。班级故事依然精彩纷呈，班风却一日好似一日。人人都知道班主任忙、累、苦，没有时间放松，怎知道当我们和学生一起活动、放松后，自然就闲适了呢？而闲适总是和智慧相约而至的，因为理性的顿悟、灵性的升发，需要闲适；心灵的舒展、视野的敞亮，需要闲适；创意，往往在闲适轻松时翩然而至；情趣，也每每在闲适从容中一展风采。

其次，班级活动还是我们转败为胜的"妙招"。

请看以下日记。

老师哭吧！不是罪！

她是一个年轻班主任，和我一样教幼师班。她一直在看我的班级日记，却从没有回帖留言。所以，我对她不熟悉。但是，昨天她发短信向我求助了。

她说，我班女孩子出现的问题，她所带的班级也都发生过，有的问题她根本不知道该怎么解决。最近，班里为了一件小事情，二十多个同学罢课，害得她很没面子。现在学生对她很有意见，特别是那几个老被处分的同学……她很生气，感觉学生永远比老师大……

她最后问我："初荷啊！我该怎么做呢？现在我所带的班就像是一

锅粥，乱七八糟。我该怎么办啊……"

中午，我们在 QQ 上聊起来。

原来，她性情温和，但对学生的屡教不改非常生气，进教室都摆着一张严肃的脸。她和学生的关系已经很僵，学生罢了她的课。有几个带头捣乱的女孩子甚至无所顾忌地对学生会干部说："班主任和校长都拿我们没办法，你还能怎样？"她说她现在不管，也管不了她们，静观其变。

我问："你是女教师吗？"

她说："是啊！我以前是在普高念书的，属于比较认真读书的那种，所以见了她们这样，真的是很难想象。"

我说："好！我先告诉你，其实中国人是很同情弱者的，你一定要在强硬后显示出自己的柔弱来，这是我们女教师得天独厚的优势。你强硬地执行班规会激起学生不满，学生会欺负你，你受委屈后千万不要火冒三丈为自己辩解，同时不要掩饰自己的悲痛和委屈。"

她说："是啊，上个礼拜的班会课，我念完学校的通知，其他什么扣分的事，我只字未提。接下来，班长带着几个稍微好点的同学来向我道歉了，还说要用行动做给我看。可是后来还不是一样，纪律、卫生各方面更差。学生希望我多和她们接触，但今天下午有班会，我都不想见她们。"

我说："班长的话可能是真诚的。至于为什么纪律、卫生会更差，要另找原因。"

她答："原因就是班级的学生不负责。"

我说："肯定不是所有学生都不负责任。她们不是希望你多和她们接触吗？你先多接触，了解情况，把好的学生集合到你身边来，然后争取中间分子。下午的班会要开，好好策划一下，要诉说你的委屈。说到动情处要流泪。"

她说："啊——我现在对她们失望得连一滴眼泪都流不出来了呢！"

我说，你就说你是多么希望同学们能有一个美好的未来；说你这一段时间的苦恼；说你长这么大从没受过这样的委屈；说将心比心大家应该理解你；还要说想到大家这个样子，什么都学不到，未来将多么不容易……你从她们的角度去关心她们，会打动她们的。

她说，其实，她心里真的很希望她们的罢课能把她从班主任职位上推下来，有没有面子她都不想管了。

我心底升起一股悲哀，说，你千万不要再生气，要和学生谈心，组织一个以交流为目的的班会。

她说，她难受，她流泪了。

我说，你有泪水，就到学生面前流。你一定能打动学生，人心都是肉长的。打动后不要对她们过分严厉，因为你要和那捣乱"头目"争取好学生，争取你的"根据地"。等大多数学生和你一条心后，你再想办法帮有坏习惯的学生。有了"根据地"，你就主动了。

她问，继续让她们捣乱吗？

我说，学生违反纪律你别生气，只是很痛心、很失望地问"为什么"。下午这个班会的主要目的是交流，是获得多数同学的理解和支持。

……

今天是端午节，她来到 QQ 上给我留言，说自己已经依我的计划而行，组织了班会，不过因为她实在还有点生她们的气，所以在班会上就只流了一滴眼泪。她跟学生讲了心里的真实感受。有几个同学居然在那里笑，她说："我又生气了。"但是晚自习后，有两位同学主动过来跟她谈心了，她们还提了一些建议，怎么管好那些"坏分子"。

和我聊了一会，她就高兴起来："呵呵，我发现现在有头脑的学生还是有的，就是不多。跟她们谈话我感到很高兴，像是跟朋友在聊天……今天早上，有好些同学给我发了信息，祝我端午安康之类的。看来昨天的班会还是起到一定的作用了，哈哈，好高兴哦！"

我祝贺她初战告捷，提醒她后面的路还很长，要继续团结班里大多数同学，对捣乱分子，采取冷落的做法。对那些你在流泪，而她在笑的同学，你别批评，只是更沉痛，让别的同学去谴责她们！最重要的是，要在班里大张旗鼓感谢那些发短信祝你端午节安康的同学，让她们体会到关心别人的快乐。同时让那些捣乱分子认识到，她们的势力并不是很强，从气焰上打击她们……

班级活动固然是让我们转败为胜的妙招，但妙招的运用有技巧，在和学生开班会的时候，老师切忌一味指责。因为，成熟的标志不是一味证明你是对的，学生是错的，而是即使在学生错的情况下，也要耐心聆听多数学生的心声，再诉说自己的委屈。当我们愿意耐心倾听的时候，学生会有被尊重的感觉，会觉得自己的伤痛老师看见了。心理学讲究"看见即疗愈"，只要老师看见了，他们心中的怨气也就不复存在。那些调皮的学生，也有天真可爱的时候。谁敢说，他们如此行为的背后，不是因为心存怨气？

第三，班级活动可以增强学生的责任心和规则意识。

很多学生心眼不坏、脑子机灵，却总是违反纪律。每次违纪后老师批评他们，他们还一脸无辜、委屈："我感觉自己这样做没有什么不好啊！"真是让人无奈到了极点。也有"聪明机灵"的孩子会在口头上认错，行动上我行我素。老师在屡战屡败、困惑无助时不免恼怒："道理我说了一箩筐，你怎么就是不改呢？"

是啊，学生为什么就是不改呢？

遇到这样的情况，我们就需要冷静一些，判断一下：他们是不是规则意识不强？是不是不知道负责任的含义？若属于规则意识问题，或者不了解负责任的含义，仅仅讲道理一般是没有效果的。他们需要在生活中（或活动中）受到教训，产生深切的体会，并有所感悟。

请看下面的日记。

2018 年 10 月 16 日

为自己的选择负责
——智慧应对抽烟问题

中秋假期结束的第一个早读，就听说 205 寝室里有抽烟行为。其实，我可以判定是晓蕾和小琪，但是调查下来，谁也不说实话，同学们纷纷选择包庇抽烟同学（因为学校规定，一旦发现抽烟、打架、夜不归宿现象，一律开除）。

怎么办呢？

我首先去和学校德育处沟通，再在家长微信群里谈女孩子抽烟的危害，并传达学校要严肃处理抽烟现象的规定，希望家长朋友们积极配合。马上有家长响应："这种事一定不能姑息，不然女孩子以后到了社会上不知道是什么样了。"

因为班里有学生也在家长群里，所以 205 寝室的同学慌了，有人给我道歉："老师我错了，我现在改正可以吗？"

我没有正面回复，只是把德育主任说根据规定要惩罚她们的原话截图给她。

下午第四节是活动课，因为外面下雨，我利用活动课给大家开了一个班会。首先让学生说自己不得不做的事情有哪些？

学生说：不得不睡觉，不得不吃饭，不得不上厕所，不得不洗漱，不得不值日，不得不写作业，不得不上学，等等。

接着我又问：说到这些不得不做的事情的时候，你们有什么感受？

学生纷纷说：无奈、烦躁、气愤……

我说：那如果你们不做这些不得不做的事情，会怎样呢？

学生说：不睡觉就会困，不吃饭就会饿，不上厕所就会憋得难受，不洗漱就会脏，不值日就会得罪同学，不写作业、不上学将来就找不到好工作，买不了好房子，男生娶不了好媳妇，养不好孩子……

我说：所以，所谓的不得不做的事情，其实都是我们自己的选择，而且是我们目前最好的选择。

学生点头。

我说：那么，现在大家把不得不换成我选择，再来谈谈这些话。

学生说：我选择按时睡觉，我选择按时吃饭，我选择认真写作业，我选择好好听课，我选择……

我问：当我们在说"我选择"的时候，有什么感觉？

学生说：富足、自信、喜悦、充满了力量……

我说：所以，我们是一切事物的根源——这就是负责任的真正含义。为你自己的选择负责。

学生纷纷点头。

我继续说：这次，205寝室发现了烟头，很明显，这个寝室有人抽烟。但是，在我调查的时候，同学们纷纷选择了要给这个同学一个继续上学的机会。那么，根据学校规定，205寝室出现烟头，将集体受处分，并且记录在册，要自己写下保证书，家长签字。这些同学以后若是违纪，就要直接被开除……

全班同学鸦雀无声。抽烟嫌疑最大的孩子，脸色苍白。她自己大概也没有想到，同学们对她的关爱，竟会付出这样的代价。我估计，205寝室里，已经有人后悔了。

我说："这是她们自己的选择。她们选择了给这个同学机会，只能来承担这次选择的结果。大家也不要再埋怨任何人了。只希望你们从此以后能遵守纪律，杜绝抽烟……小琪（此次抽烟嫌疑最大）已经被抓住抽烟一次，下周升旗，学校要宣布给小琪开除学籍留校察看的处罚，但凡发现她再违纪一次，就会被开除。小琪，当你选择抽烟的时候，就应该知道，要为自己的选择负责——可能被开除。以后做任何事情，都要考虑清楚，慎重选择。这是规则……同学们，如果你选择了不好好学习，就要承担这一选择的后果：找不到满意的工作。一般情况下，人的烦恼主要来自两点：1. 做了选择，却不愿意为自己的选择负责。2. 明知道那是一个错误的选择，竟然还要一而再，再而三地去做选择。我多么希望你们能成为一个有责任心的人，不要再去做错误的选择……"

下课后，205寝室的同学纷纷围上来问：老师，如果我们从此不再违纪，毕业的时候会不会把处分撤销？

我说："最关键的是看你们的表现，同时我也会努力去争取，因为学校的目的也不是要给谁处分，而是想让大家都学好。你们也不要回寝室去埋怨那个抽烟的学生，因为，抽烟是她的选择，而保护她、不说出她的名字，是你们自己的选择……"

平时谈到学生抽烟，无外乎开一个班会，苦口婆心、严厉警告……谈抽烟的危害……然而事态的发展总不以我们的意志为转移，就如同这次205寝室发现烟头，所有学生都要保护抽烟的孩子。对此我不评判，不批评，只是让她们为自己的选择负责，反而是最好的安排。

经历了此事，抽烟的同学压力巨大，主动戒了烟；而205寝室的同学，也会监督她不要再抽烟……

一切都是最好的结果。倘若同学们实话实说揭发了晓蕾和小琪的抽烟行为，两个人可能因此被开除，而揭发身边同学的人，可能从此内疚。而这样利用班级活动进行讨论，既尊重了人性原则，又增强了学生的规则意识。

第四，班级活动是组织、建设良好班集体的有效方法。

这一点在新生入学军训时最能体现。军训是以搞活动为主的，站军姿、齐步走、拉歌、做游戏等，在这种统一的活动中，同学们总能很快凝聚到一起。若不进行军训，就想让素不相识的几十名学生在短时间内凝聚起来，很难很难。比如，我们今年计划招两个班的新生，军训时也按照两个班编排。没想到生源比较好，军训结束一统计，这个专业一共来了150人，两个班显然装不下。那就从前面两个班里各抽出来一部分学生，成立第三个班吧！这第三个班肯定非常不好带。因为他们没有一起经历军训时齐步走、跑步、拉歌、做游戏等活动，没有产生一个"魂"，就是《亮剑》里李云龙说的那个"军魂"。有的老师，尤其是不怎么有经验的年轻教师，一下子接手这样一个新派生出来的班级，就会感觉很不顺手。全班同学你不让我，我不让你，各自为政，一盘散沙。

那么，这样一个新产生的班级，还有没有办法尽快凝聚到一起？

有！这个办法就是：弥补军训时的缺憾——举办各种活动。可以说，一个班级不开展或很少开展活动，是永远也不可能成为一个真正的集体的。企业里的团队建设，也是通过拓展训练，组织各种活动，来增强凝聚力的。

第五，班级活动能促进学生全面发展，有助于学生陶冶情操，培养品德，丰富知识，扩大视野。

2008 年 3 月 22 日　　　晴

护花小使者

又一个周末来到了，学校组织我们全体一年级学生到公园里做"护花小使者"。在这百花齐放、春风送暖的日子里，老人、孩子、学生都打扮得清清爽爽出来晒太阳，公园里难免有不文明行为发生，比如为照相践踏草坪，攀摘花木，随地吐痰，乱扔纸屑（主要是许多人坐在地上休息的时候，喜欢垫一张报纸，起身的时候却不将报纸捡起来）、随地大小便（主要是宠物）、发广告、抽烟等。

学生的主要职责是劝阻以上行为发生。

解散前，我对姑娘们说："我们的目的是劝阻他们的不文明行为，所以我们首先要有礼貌，要动一番脑子，想一想怎样做才能让人家接受我们的意见，千万不要和他们吵起来。真的吵闹起来，咱们就不是护花的使者，而是不文明的使者了。"

学生连连点头。队伍刚解散，小圆就看见一个老人在抽烟，想去阻止，却又胆怯，我鼓励她和冰洋一起去，自己远远站在一旁，看见两个人先朝老人鞠躬，又笑着说了几句，老人马上把烟头熄灭了。小圆和冰洋欢天喜地来找我报喜，笑脸红得如盛开的海棠。我问："怎么样？有什么感觉？"

答："爷爷还谢谢我们呢！特高兴。"

棣棠边，远远看见小楠在劝阻发宣传单的青年，进展也顺利。我不禁叹息：多好的孩子！我向来没有想过要把她们全部送到名牌大学里去，因为这不现实。我每天所想的，就是让她们成为心地善良能自食其力的合格公民。如今看来，她们确实是在朝这个方向发展……一转身，见梅子和几个女孩子走了过来，我问她们有什么感受，梅子笑说："老师，我劝阻了两个爷爷、一个奶奶抽烟。但他们都是一边答应'好好好'，一边把烟头熄灭，随手就丢在道路上。"

和我同行的袁老师说："以后再遇到这样的情况，你们要表达清楚自己的意思，应该说：'在公众场合，请您熄灭手中的烟，并把它扔进垃圾箱里。'"学生笑着点头，我说："还有一个办法。若是你还没有来得及说完，他就将烟头丢到了地上，你们可以马上弯腰将烟头捡起来，并朝他笑一笑。这也是一种提醒。"

梅子几个远去了，又见我们班一群女孩子正在阻止几个大学生在草坪上照相，成功后，转身看见我，说："老师，人家都听我们的话呢！"

　　我蓦地想起来，这一段时间许多学生反映，同学们都只听班长美玲的话，不听其他班干部的话，便笑着说："别看咱年龄小，只要说的话有道理，大人们也会听呢！所以啊，以后不能只听老师和班干部的话，只要人家说得有道理，你们就应该听从，是不是？"学生笑着点头。

　　我又一次感叹，这样的活动实在是有意义。首先，学生在阻止别人不文明行为的同时，自己也受到了教育，她们在公众场合不会再犯随地吐痰、乱扔纸屑这样的错误；其次，为了成功劝阻不文明行为，她们会尝试很多方法，无形间增强了自己与人交往的能力；同时又能增强她们的自信——因为老爷爷都要听自己的劝告啊！这是多么大的成功？以前她们只听班主任或班长的话，今天自身经历的事情却告诉她们：只要人家说得有道理，无论身份年龄，我们都应该听从。这些知识，只怕同学们在教室里也学不到的。

　　这篇日记提出了一个概念——触摸知识。触摸知识和掌握知识不一样。我们当老师的，通常都要求学生掌握知识。所谓掌握，本意是攥在手心。这里其实隐含着一个前提：我已经把知识放到你手心了，现在你的任务就是抓住（记住），别让它跑掉（遗忘）。

　　然而经验告诉我们，由别人送上门来的东西我们往往掌握不住，自己努力抓到手的东西才会攥住不放。自己努力去感悟、抓住的知识，便是"触摸知识"。在《护花小使者》里，学生得到的体会，就属于"触摸知识"。在心理学的精神分析学说里，这个属于满足了我们的自恋本能。

　　第六，班级活动有助于学生发展特长，增长才干；有助于学生增强体质，强健体魄。

　　总之，如果我们能把班级活动的策划和组织，当作备课、上课那样用心去做，一定会有意想不到的效果，学生也会非常高兴。

二、班级活动的内容

以活动目的来分类，班级活动可以分为以下几类。

第一类，思想教育。包括价值观教育、政治立场教育、理想信念教育、爱国主义教育、集体主义教育、法制观念教育、道德品质教育、心理健康教育等。

这里我们先详谈价值观教育，这是班级活动最重要的内容之一，常常蕴含在活动中，却没有被策划进去，而是被当作活动的"意外"出现，需要我们敏感地捕捉。

现在学生的价值观，和我们很不一致。他们常常把一些西方的、潮流的、成人的观点综合到一起，产生一个自认为很合理的价值观。比如，有一次，我带学生欣赏歌剧《白毛女》，杨白劳喝盐卤自杀了，喜儿在那里呼天抢地大哭。有的同学看到这里开始跟着吧嗒吧嗒掉眼泪。有的同学就想不通了，说："这杨白劳也真是的，你为什么要自杀啊！要死也该黄世仁去死啊！而且，你把喜儿嫁给黄世仁有什么不好？他又没结婚，又有钱，傍个大款多好啊！……"咱们的好多学生就是这么想的。歌剧欣赏到这里，就必须停下来，开始进行一场关于价值观的讨论。我们不怕学生在活动中说实话，说了实话老师好对症下药。现在的学生，许多观点都让我们觉得不可思议、大跌眼镜。你不让他发言，表面看着班级很平静，其实暗涛汹涌，不一定哪一天就做一件让我们目瞪口呆的事情出来。在这个活动里，既然出现了这样的言论，讨论价值观问题便是迫在眉睫的，是最重要的，歌剧可以在以后继续欣赏。

现在网上经常出现表面温顺、没有存在感的学生因为一句话就跳楼或者杀人的案例，其实冰冻三尺，非一日之寒，这个孩子平时就有心理问题，只是老师、同学们没有发现，在遇到问题后，老师只争输赢，导致这个问题成了学生恶性事件的导火索。为了防患于未然，我们可以在新生入学后，开展一场排查评估的活动，比如布置他们每人画一幅有房、树、人的画。通过分析画，可以了解学生心理健康的基本情况。举个例子吧，有的学生画的树是枯树，就说明他（她）目前生命力不够，是需要重点关注的；有的学生画的树木在风中凌乱，树叶纷纷落地，说明他可能有来自外面的压力，情绪低落等。绘画疗法是一门很深奥的学问，班主任可以做系统的学习。如果实在没有时间学习，可以让学生画了以后，找专业的心理咨询师排查，让我们对自己班级学生的心理状况，做到心中有数，最好不要去激怒那些容易出问题的学生。

第二类，学习指导。主要是激发学生学习兴趣，提高学习效率。具体包括兴趣的激发和效率的提高等主题。通过活动使学生掌握学习技巧，交流学习经验。比如，同学们可以在一起讨论关于记忆的规律，有的人适合边读边写记忆，有的却喜欢默记。通过这样的活动，可以让学生找到最适合自己的记忆方法，而不是只知道对着成绩生闷气。还有学习发展的指导。学生的学习一般都带有功利性目的，这并不是一件坏事。关键是要帮助学生对目的进行有效的引导，使他们的学习目的与社会的要求同向。我们可以根据学生的个人情况，从兴趣、性格、能力、价值观等方面做综合评价，帮助他们做一些人生规划，让他们的学习和发展目标更明确。

第三类，知识拓展。具体包括体验生活和延伸课本等主题。

以下"美少女种植美人蕉"的案例就属于体验生活。

2008 年 3 月 13 日　　　晴

美少女种植美人蕉

早就有心思种一片菜蔬花卉了，带全班学生亲自种植一片植物，好在闲暇里认真端详其抽枝发芽、花开花落，并让学生在自己种植的花草前合影留念，让青春的气息在花开时定为永恒，又能圆了我"房前养花、房后种菜"的夙愿，这实在是一件很浪漫的事情。于是，我一直在留心观察学校附近是否有荒地，却每每失望——现在城里的土地何等金贵，哪里有供我们玩耍般种植的地方？忽一日看见绿荫公园里花农忙碌的身影，灵机一动：我们不妨替花农种一片鲜花呢！

于是，我利用课余时间找广场的负责人联系，他们竟连连称好。今天上午，是我们约好的种花日子。走在去往广场的路上，感受着阳光的明媚，温度的适宜，眼看着天空的蔚蓝和云朵的洁白，禁不住一次次感叹走进大自然的幸福。同学们叽叽喳喳如枝头的小鸟，队伍却自始至终井然有序。因为我早说过，只要有一个同学不听从指挥，以后就再别想外出游玩——我们把这样的活动叫"游玩"，学生的兴趣会更大。

广场的管理人员很热情，尤其是李书记，40 岁左右的模样，穿一件银灰色风衣，一望而知是个精致能干的女人。李书记显然是打心眼里喜欢这些花季少女，看见我们班的女孩子就禁不住眉开眼笑。

同学们迅速被分成了四部分，一部分到公园南边移种大棵绿草；一部分到公园东边清除草坪上的杂草；一部分到公园北边挖美人蕉的根；剩余的多数同学在公园中间清理土地，好种植一片美人蕉。

姑娘们兴致勃勃忙碌起来了。我对李书记说："以后，能不能让我们班的女孩子一直管理这片美人蕉？浇水、除草、捉虫、施肥等，一旦有需要忙活的事情，您一个电话打给我，我就带她们来养护。"

李书记笑着说："好啊！但您怎么会有这样的念头呢？"

我说："首先，我希望同学们能常常走进大自然，沾染花草的灵气，接受植物的熏陶；其次，我想让她们成为环保志愿者，体会不要报酬的劳动，能赢得金钱买不来的尊重；第三，这些孩子虽然来自农村，却不太会干农活，我希望她们通过这次活动理解父母下农田的不容易；第四，我们平时常常对学生说要保护环境，要尊重别人的劳动。

这些观点她们也许早就明白，却没有体会。我希望她们通过养护花草，真正明白自己为什么要尊重别人的劳动，真正触摸一下什么是环境保护。"

李书记连连点头："您想得真周到，但是，这不会影响学生学习吗？"

我说："不会的。学校离这里也就七八分钟的路程，我们利用课外活动时间都可以来为花草浇水。何况学生在校园里闷太久了也不好，适当的体力劳动也是一种调节。"

李书记没有回答，忽然指着一丛鲜花对同学们笑着说："你们认识这是什么花吗？"

我细细打量一番，丛丛柔软的枝条上，没有一缕叶子，却盛开着一朵朵黄灵灵的很有质感的小花，回答说："这大概是迎春花吧！园子里就数它开花早呢！"同学们也纷纷称是。

李书记微微一笑，说："这是连翘，一味中药。"又带我走到移植大棵绿苗的同学身边，说："这是麦冬，也是一味中药。"我在一边只惊得目瞪口呆，连翘和麦冬我都听说过，这黄色的花儿、绿色的苗儿，也是我经常遇到的，却没有对上号，不知道它们就是大名鼎鼎的连翘和麦冬，于是点头道："只怕同学们也不知道这花草的名称呢！所以，这也是一种学习啊。"

李书记说："过一阵子，等花开得再多些，您带同学们过来，我为大家介绍这都是些什么花。"又指着同学们打算种植美人蕉的土地上的植物说："您知道这是什么吗？它叫'羽翼甘蓝'，多好听的名字。它现在的模样不好看，因为去年冬天下大雪把它冻坏了。若是往年，这东西能长小盆子那么大，像莲花一样，很漂亮呢！但现在同学们必须把它清理出去了。"

李书记回办公室去了，我带学生从土窑里挖美人蕉的根，姑娘们不顾脏累，每挖出一棵，都发出一阵阵惊呼。小丽骑着三轮车将挖出来的根一趟趟往公园送，我说："小丽真了不起，还会骑三轮车呢！你辛苦了。"小丽回头对我解释说："我不辛苦，她们三个才辛苦。这辆三轮车没链子了，我骑车也只是把握方向，车要行走全靠她们三个在后面推呢！"正说着，车要下坡了，三个女孩子在后面大呼小叫，嘻嘻哈哈……

临走，李书记将剩下的一大包美人蕉根送给我："回去找个空地，种到学校里吧！"

姑娘们一听，越发开心，一路上兴致勃勃地谈论："咱们把它们种到哪里呢？"

"老师，您去买个大花盆，我们把它养到自己教室里。"

我说："还是养到校园里好，就种在花池里。"

"不，老师，养到水桶里也行啊！咱们班有两个坏了的水桶呢！"

"万一水桶裂了怎么办？"

"用铁丝把外面缠一下。"

我又说："还是养到校园的花池里好。"

有个别学生不乐意："老师，我们想养到教室里，这是我们的花啊！"

我来不及回答，班长美玲就说："种在校园的花池里，我们不也一样每天都能看见它？难道非要把它关在咱们班教室才好？全校学生看看又怎么了？美人蕉那么大，需要充足的养分，不适合养在花盆里的。"

别的同学不说话了。我却暗自感叹：美玲的威信高不是没有原因的，看她说得多好啊！自己种植的美丽花草，难道别人就不能看吗？做事情讲究三赢，要你好、我好、大家好。将美人蕉种到花池里，就属于花好、我们班的同学好、校园环境更加好。这样的道理，学生早该知道了。

下午在花坛里种花，外班许多学生好羡慕。我知道，自己班的姑娘们又一次产生了班级自豪感。据说，让学生常常感觉到自己班级和外班的不同，常常被外班同学羡慕，对形成良好的班风很有用呢！我相信，无论是绿荫公园里的美人蕉，还是校园里的美人蕉，都将成为我们班每个同学心里最美丽的记忆。

读者朋友可以看出来，在"美少女种植美人蕉"的活动中，学生不仅体验了生活，还丰富了知识，增强了班级荣誉感，又深入思考了问题——美人蕉种在校园里属于"三赢"的选择。有人可能会想：我也想带学生出去啊！但是可能会影响同学们的成绩呢！

其实，适当的放松，正是为了下一步更加努力学习。老师们有没有这样的经历？当我们认真读书、写作三个小时，心里会觉得很憋闷，去散散步，就会好很多，回来再读书、写作，效率也非常高。想一想，我们的学生天天坐在教室里，岂不是会更难受？

老子说：三十辐共一毂，当其无，有车之用。埏埴以为器，当其无，有器之用。凿户牖以为室，当其无，有室之用。故有之以为利，无之以为用。

就是说，三十根辐条汇集于车毂而造车，有了其中的虚空，才发挥了车的作用；糅合陶土制作器皿，有了器皿内的虚空，才发挥了器皿的作用；开凿门窗建造房屋，有了门窗四壁内的虚空，才发挥了房屋的作用。所以，"有"之所以能给人以便利，是因为它营造的"无"发挥了作用。

适当的体验生活，就算花费一点时间，也是发挥了"无"的作用。

第四类，生活引导。具体包括以下几种主题：

1. 生存技能

生存是人的本能，但只有本能还不行，还需要我们通过活动来教授给孩子们技能。比如 2007 年春天，我带学生到森林公园玩耍，就曾经在无意中告诉学生，迷路后，我们应该以怎样的心态迎接突然而至的困难。

2006 年 4 月 12 日　　阴转晴

森林公园，历险春游

当我和 14 个姑娘下了 131 路公交车，就惊呆了——迎面而来的不是想象中的满目苍翠，而是黄土弥漫。阴沉沉的天空下，一个个黄沙丘安安静静横卧在大地上，似乎颇满意自己的处境。四周除了我们一个人影都不见，满眼是黄色尘土。

这就是我们要去的森林公园吗？不但没见到一棵大树，连小草也灰头土脑。

思彤喃喃地重复我们共同的疑惑："咱们莫不是下错了站？怎么不见其他同学的影子？"

今天我们到森林公园春游，据说 125 路公交车和 131 路公交车都能到达。大多数同学都坐了 125 路公交车，我和少部分学生坐 131 路车，却不料下车来竟是这一番景象。和另一部分学生电话联系，她们说："我们早下车了，就在森林公园门口。对面是个公安局，路边有许多卖小纪念品的。你们在哪里？"

菁菁笑着大惊小怪地回答："我们好像到了电影《上帝也疯狂》的拍摄地，又好像到了荒无人烟的黄土高坡，四处阴森得很。我们迷路了。"

电话那头估计也是一片慌乱的笑声——我能想象到的。

好不容易找到一个骑三轮车的当地村民，一问才知道，原来森林公园很大，有好多门，这里确实也是森林公园的一部分。既然如此，那就打听着向前走吧！姑娘们在学校里闷久了，一出来见什么都新奇。现在分散了，倒也不恐惧、不着急，依然大呼小叫、欢歌笑语，这个说："我可怜的白鞋变成黑色的了。"那个说："我的黑鞋却变成白色的了！"眼前的色彩逐渐丰富起来，浅紫、鹅黄、嫩绿等映入眼底，终于有些森林的味道了。杏儿欢笑着念路边的标语："森林公园洗肺去！"大家也齐声欢呼："森林公园洗肺去！"

行走间，许晴来了电话，说那边同学有些不安，问："老师，你们现在在哪里？"

我回答："我也不知道啊！"

"你们那里有什么标志？前后左右都是什么？"

我环顾四周，说："我的左边是大树，右边是大树，前边是大路，后边也是大路。"电话这头和那头的学生哄堂大笑，如此大家都放松下来，我说："你们别乱跑啊！等我们找你们去。"

终于见到了一个去处，上面分明写着森林公园，却不见学生的影子。原来森林公园分为好多部分，比如健身园、生态园等，我们所在的水上乐园只是其中的一处，这里并不是我们要去的地方。但终于有一个标志，可以让另外一部分学生来和我们会合了。

但，她们会不会迷路呢？这里满眼都是树啊！韩悦说："老师，前面是生态园，不知道同学们会不会在那里，我和紫蘅去探探路。"

我看着韩悦一米七多的身高，说："好，你们注意安全，要常和我联系。"

静坐片刻，我灵机一动，忽然意识到这是一个锻炼学生走出困境的绝好机会，即使今天不进任何一个游乐场所，这样在森林里转来转去找人，不也很有意思吗？现在是上午9点，这里离市区也近，同学们又都有手机，估计不会有什么危险。

于是，我和另外的大部队、韩悦等联系，说我们也要出发，就走在生态园和水上乐园的路上，大家想办法会合。

一路说着、笑着、期盼着，忽然听到远方有一群女孩子在呼唤，我们这边也大叫起来："啊——"听那边也有回应。舞琴说，可能就是我们班的学生呢！我和其他女生一起"啊——"，对面又是一声"啊——"回应。

我毕竟教了多年声乐，感觉声音有些不对，便疑惑了："还不知道是不是我们班的学生呢！"舞琴放开嗓门，一个人喊："'刺麻苔'班——"，却听得一声"咩——"，原来是一只羊。大家笑得直揉肚子："搞了半天，我们是在和羊对话啊！"羊也通人性，我们齐喊，它们也齐叫；我们一个人喊，它便也一只叫。若不是只有一只羊叫，我们怎么可能听出来不是人喊而是羊叫呢？

片刻间，韩悦打来电话："老师，我看见蓝菲和润雪了，她们是为那部分学生探路的，我们马上就能会合。"大家兴奋起来，张开双臂、迎着晨风向前跑，菁菁激动地来了一个舞蹈中的大跳，不料路面不好，直接劈叉下去，把膝盖都蹭破了。我埋怨她不小心，她说："没关系，一点都不疼。"——谁说这样的孩子不可爱呢？

10分钟后，就听见前面隐隐约约有笑声，接着看见影影绰绰的人影，我说："我敢拿一毛钱打赌，她们肯定不是羊。"大家欢笑着，跳跃着，和对面的学生拥抱。

分别还不到两个小时，再见面竟然这么开心。可见，凡事都要曲折一些才有趣。

……

如今，日记中所写的去游玩的部分同学已经步入社会。前一阵子有个学生来看我，谈到当初的迷路，说："前天我们单位聚会，我和四个同事也迷路了。我们转来转去的，就是找不到聚会的地点。有两个女孩子开始焦急、埋怨，我对她们讲了咱们去森林公园的经历，最后告诉她们：'既然已经迷路了，就欣然接受这个事实，尽情体味曲折的情趣，岂不甚好？'……"

2. 生活技能

学生的生活技能很大程度上是由家庭教育完成的，但在学生生活技能的形成中，学校决不能做一个旁观者。现在的孩子多为独生子女，在家里娇生惯养，不会干活。我们最好也承担一些任务，教会他们一些生活的常识。

2006 年 12 月 20 日　　晴

冬至的饺子

中午到教室去，一上楼梯就看到走廊上摆着择洗干净的韭菜，水灵灵一片葱绿，在阳光下慵懒地闪着光。学生欢天喜地地走来走去，嘻嘻哈哈地听不清说些什么。杏儿蹲在地上，正从一堆废弃的韭菜里挑出尚能用的，看见我，仰脸笑道："老师，您看我多节俭！好好的韭菜，她们竟然扔掉不要了，害得我还要重新挑拣。"我和她一起蹲在地上挑拣，开着玩笑："你是个好孩子，老师和你一起挑，她们都大大地坏。"

教室里已经面目全非，桌子三个一伙、五个一群被并在一起，用84消毒水擦洗干净，铺上保鲜膜就成了案板。思彤将买好的面、肉、韭菜正按寝室分发，值周班长蓝菲在一边大呼："哪个寝室的肉不多，谁还要肉馅？快来领，要不就没了！"几个寝室长端着盆子一哄而上，嘻嘻哈哈笑道："给我们一点！给我们一点！"我笑着批评蓝菲："你问谁要肉馅，她们哪个能不来要？"蓝菲不抬头，说："我的意思就是让她们全过来。如果我不这样说，她们认为反正有自己的一份，必不积极，不肯马上过来。咱班姑娘的心思，我还不知道？"

我暗自惊叹：现在的学生还真的挺有心计！后生可畏啊！我一直认为蓝菲是个不太懂事的小孩子呢！但她当值周班长确实挺像一回事。

这边分着肉，另一边已经和好了面。我在旁边指点："这是饺子粉，不容易破，所以面皮越薄越好！"

怡雪笑："老师，我们知道！"

我继续："肉馅放好调料后，要朝着一个方向搅拌……"不等我的话说完，赵微就喊："老师，我们在家里也做过的，您放心吧！拌饺子馅也没有这么多规矩。"

我说："好！好！你们自己包。哪一组做得不好，自己也别想吃好的。今天我不动手，只等着吃你们的饺子。"

润雪大喊："老师一会儿吃我们寝室的饺子。"

其他学生举着一双双沾着面粉的手一起喊："不，吃我们的！""吃我们的。"

我也笑："每个寝室我吃5个，最后由我评比。"

饺子下好了，盛到碗里，各样都有，精致的、丑陋的、纤细的、胖乎乎的，有的却包成了包子模样、蒸饺模样，同学们的手还比较灵巧，饺子几乎没有破烂的。赵微第一个吃，咬一口，大叫："太咸了！我们的饺子馅咸死了！谁放的盐？"

我也咬一口，说："不咸啊！"

她们寝室的同学各吃一口，纷纷喊："是我们的饺子馅没有搅匀。"

我批评赵微："你肯定不是按我说的做的，饺子馅应该朝一个方向搅拌！看看你！不听老人言，吃亏在眼前！"

学生一起大笑，俊娇说："我们听了老人言，饺子也不太好吃。"

我强忍住笑问："怎么了？"

"饺子皮太厚了！不好吃！"

我吃她们寝室一个饺子，皮果然很厚，埋怨道："我不是告诉你们饺子皮要薄一点嘛！"

"但我妈妈说，饺子皮薄了太容易破，破饺子最难吃！"

我摇头："你怎么不听我的话？"

"我当时想，在别的方面您的话可信，但在包饺子方面，还是妈妈的话可信。"

我笑着叹息："这话怎么说？别忘了，我的身份是多重的！我在学校是你们的老师，回家也是家庭主妇。"

润娜笑："我们好无辜，不知道该听哪个'老人言'。"

我忽然想起来《小马过河》的故事：小马要帮助妈妈送粮食，走到河边，不知道河水深浅，问黄牛大伯，黄牛说："河水很浅，才淹到脚脖。"问松鼠，松鼠却回答："河水好深，能把我的姐妹淹死。"小马不知道该听谁的，回去问妈妈，妈妈说："你要动一下脑子啊！"小马想：黄牛比自己高好多，当然认为河水浅；而松鼠身材那么小，被河水淹死也不足为怪。于是自己去尝试，发现河水既没有黄牛伯伯说的那么浅，也没有松鼠说的那么深。

我把这个故事讲给大家听，说："遇到自己没有尝试过的事情，你们当然应该利用别人的经验。但借鉴别人经验的时候要考虑一下：谁的经验更符合自己的状况呢？谁的话更有道理呢？你们在家里包饺子用的是自家磨的面粉，皮要厚一点才不会破；而我平时包饺子用的是饺子粉，咱们这次用的也是饺子粉，很有韧劲。"我将脸一仰："所以，你们该听我这个'老人家'的话才对！"学生又一阵哄笑。

还剩下310寝室的饺子没有尝，但我已经很饱了！便只盛了一个饺子，说："我吃不下了！品尝一个就行！"转身便走。

紫薇手拿饭勺，说："不行！你必须吃够5个，否则不公平。"我吓得端着快餐杯就跑，她盛了4个饺子在后面追，两个人绕着教室转圈，全部学生跟着笑。师生如此在一起嬉笑玩闹，似乎世界上没有师生冲突和矛盾那一说……

3. 交往技能

现在的孩子很多都是独生子女，缺少交往学习的必要条件，有的在家里唯我独尊，有的在人前羞羞答答，以集体生活为主导形式的班级生活，就成为学习交往技能最理想的场所了。

亲爱的同学，我来陪伴你

活动背景：作为新生班的班主任很忙很忙，忙到焦头烂额手忙脚乱。但是，当我听说班级有人有被孤立的感觉时，听说有人在给别人起不好听的外号时，很担心有欺凌现象出现，无论多么忙，我都必须防患于未然，因此设计了这个班会。

活动主题：亲爱的同学，我来陪伴你

活动目的：

1. 新生入校，彼此间尚陌生。通过这次活动，可以增强学生之间的感情，避免校园欺凌。

2. 职校生里的留守儿童、离异家庭的孩子较多，或者在弟弟妹妹出生后，身为老大可能有被冷落之感。通过这次活动，对学生幼年时期未被满足的爱的需求、形成的创伤，有一定的疗愈作用。

准备材料：眼罩、音响设备

准备事项：将班里学生分为10个人或8个人一组，其中两个人互为搭档。

特邀嘉宾：部分家长，7个学生会干部

活动过程：

第一环节：孤独的小孩（配乐《亲爱的小孩》）

让A同学蒙着眼罩在教室里行走，组长或者家长在周围保护。

老师配音：

想象一下，这是我们自己这一生要走的路。在黑暗里，你什么也看不见，你不知道前方的路是坎坷，还是平坦，你不知道未来会遇到什么，也许是高山，也许是深渊，也许是大河，也许是沙漠，也许是荆棘满地，也许是无边的沙漠……在这无尽的冰冷的世界里，你想抓住什么呢？你又能抓住什么呢？谁来为你保驾护航？谁能在你摔倒的时候搀扶你一把？事实证明，我们什么也抓不住。我们只能孤独地走在这条人生的道路上，我们不知道未来会有什么。我们心中难免惶恐，难免不安。多么希望有人能帮我一把啊！多么希望有人能扶我一下啊！但是，人呢？身边没有这样的人，在人生的长河中，我们自己的路，需要我们一步步走，沟沟坎坎也罢，大风大浪也好，也许有狂风暴雨，闪电雷鸣……无论遇到什么，我们都只能自己承受。

漂亮的小孩，今天你有没有哭？小小的小孩，今天你有没有哭？你有没有渴望一双温暖的手拉着你前行？可爱的小孩，今天你有没有哭……在你最无助的时候，是否你的朋友都离你而去？黑暗里，是否只剩下了你？

第二个环节：你还有我

让 B 同学上场，拉住 A 同学在人群中行走，感受被人拉着、保护着的安全感。（配乐《你还有我》）

主持人在音乐里解说：想一想，在自己成长的十几年，都有哪些人拉过自己，扶持过自己？他们给你带来的是什么感受？想一想，这些人是谁？是爸爸、妈妈、爷爷、奶奶、同学、老师，或者仅仅是陌生人？我们应该以怎样的心态面对他们？谢谢他们，去谢谢他们，谢谢他们在风雨飘摇的夜晚陪伴着你。谢谢他们在你孤独彷徨的时候安慰着你；谢谢他们扶着你学走路，谢谢他们一字一句教你学说话。从日出到日落，寒来暑往、春露秋霜，谢谢他们在黑夜中陪伴着你走向黎明。谢谢他们从寒冬陪你到暖春，谢谢他们给你的无条件的爱。

不管别人怎么说你，他们选择相信你。不管在什么时候，他们选择和你站在一起。在你累得不想坚持的时候，他们不会让你倒下，他们不会让别人笑话你。在你觉得世界背弃你之后。他们永远陪你伴你，不管是风吹还是雨打，他们陪着你。

接着角色换过来，B 同学独自在场上行走，10 分钟后，A 同学换扶着 B 同学行走。

第三个环节：所有人都戴着眼罩在人群里行走，一旦摸到谁的手，就狠狠甩开，让每个人都体验被拒绝的感觉。（配乐《亲爱的小孩》）

主持人配音：走开！我讨厌你！不要理我！走开！别碰我……

第四个环节：所有同学上场，拥抱你见到的每一个同学，去握他们的手，谢谢他们。说：很高兴认识你！去感受自己内心的情绪。当这个世界都友好相处的时候，我们有怎样的感觉。（配乐《感恩的心》《我们不一样》）

主持人解说：如果你觉得没有被人了解过，当你茫然紧握自己的手，越活越寂寞，不管在什么时候，让我来分一点忧。记得朋友，你的感受我也会有。如果你心中，真的黑暗比较多，我能陪你重新找到一个阳光的角落。让我们并肩而坐，忘掉外面的冷漠。不要困惑，不要退缩。我的朋友请听我说，你只要抬头，面向天空，用心地呼唤。朋友，这个世界，你还有我。

第五个环节：凭着感觉，每个人都去摸到自己的搭档。找到后，相互握手在人群中行走。

第六个环节：游戏结束。同学们分组坐到地上，分享自己在这个过程中的感受。

挑选同学谈感受。

那天班会，第一个发言的是盈盈，这次她妈妈也来参加了。她说："我一开始的时候，蒙着眼睛走在人群中，很多人都推我。我心里很难受，于是就专门找人少的地方，宁肯一个人在角落里兜兜转转，也不往人群里去。后来，保护我们的学生会干部说我要撞到墙上了，但我还是在兜兜转转……我想起了我入学的时候，本来想住校，但是和寝室里的人关系平平淡淡的，我觉得大家不和我玩儿，所以我就走读了。我希望大家都不要孤立我，我想要朋友……"

我马上意识到，这个孩子会以逃避的方式来应对人际交往，便说："盈盈，同学们都愿意做你的朋友，我们将来都是相亲相爱的一家人。"我又转向同学们，问："大家说是不是?"同学们异口同声说："是。"我说："那就用热烈的掌声给她鼓励。"

热烈的掌声响起来。

班长珊儿站起来："我在一个人蒙着眼睛走路的时候，很孤独，很难受。我想到了我的身世。从小我的父母就离异了……"她的声音哽咽起来。我也惊呆了。我不知道我的班长，这个好学上进的女孩子，竟然来自离异家庭。

教室里鸦雀无声，有的孩子眼睛里已经有了泪花。

珊儿继续说："我和妈妈在一起……我恨我的爸爸……"哽咽声起，她说不下去了。我急忙站起来拥抱她："没关系，我们都在。我们都是你的亲人。我们都爱你……"珊儿在我怀里哭得上气不接下气，我说："请一个妈妈上来抱抱她。"

淑炎的妈妈马上站了起来拥抱她。我说："虽然这次活动只来了三位妈妈，但是她们可以代表我们所有妈妈，给我们所有妈妈的爱……"

珊儿哭着说不下去了。我只好带着全班同学给她掌声，让她休息，平静一下。内心想：以后一定要多和她交流，给她妈妈般的温暖。

小米站起来说："当我蒙上眼睛走着走着，大家都推我的时候，我就想起小时候，我爸爸妈妈都在外面打工。我总是被同学们欺负。放学的时候，我桌子上整整齐齐的书，吃过饭后就会撒一地。我不知道为什么大家总是欺负我……"小米哭了，同学们眼睛里都是泪花。我过去抱她，又让她的搭档去抱她，告诉她："没事了，你已经长大了。那些事情再也不会出现了……"这其实是一种心灵的疗愈，一个人蒙上眼睛行走，是场景再现过去的孤独；被人狠狠推开，就是再次体会被周围的人排斥。在这样的情况下，大家都给她温暖，给她爱，给她拥抱，就是一种很好的疗愈。

小米继续说："我长大后，才来到了爸爸妈妈身边。但是，我爸爸并不关心我，他连我今年多大了都不知道。上次我妈妈问我爸爸，女儿今年多大了。他说：'13 岁还是 14 岁……'我当时好伤心，我说：'你怎么连我多大都不知道……'"小米开始泣不成声，我说："要不你冷静一下，我们请下一个同学分享？"

小米说："不！老师，您让我说完好吗？"

我点头，小米依然泪如雨下，几乎说不出话。我说："请搭档站起来拥抱她……"她还是泪如雨下。我又说："请全班同学用掌声表示对她的鼓励、支持和关爱。"

热烈的掌声响起来……

晓蕾站起来说："其实，我今年已经 17 岁了。我比你们都大，我在社会上上过班。那时候我叛逆，不听我妈妈的话……我早恋了……"她的泪水开始向下流："同学们，你们可不要早恋，不要再顶撞妈妈了……刚才在游戏里，在我自己蒙眼行走的时候，我觉得好孤独，好害怕……在大家都把我推开的时候，我心里难受，我想起上班的时候，老板、同事都欺负我……我没有做错什么，但是他们都欺负我……后来，我也被那个男朋友甩了。我妈妈说，那时候阻止我谈恋爱，最害怕的就是我受伤害。但是那时候我不懂，还跟妈妈吵……这次我们搞这个活动，我妈妈实在有事情来不了，但她知道有的家长过来了，就不停地跟我道歉……其实来的家长也不多，但她不停地跟我道歉……现在才知道，妈妈对我真的很好……"晓蕾还是哭，我让她的搭档梦然去拥抱她。她说："刚才梦然一抓我，我就特别放心大胆地走，结果，她把我带到了镜子边，差点让我撞到镜子上……"晓蕾带着泪笑，同学们也都眼含泪花笑。我说："所以，交友一定要慎重啊！否则人家给你带到坑里你都不知道……"

男生蒙毅站起来说："我自己走的时候，大家都推我，我心里想着，我又没有妨碍你们，你们为什么总是推我啊……后来，小旭来拉我，我心里马上很踏实，特别感谢小旭……"我说："这就是好哥们儿啊！"其实，在小组讨论分享的时候，我就听蒙毅说起这一段了，大家继续问的时候，蒙毅说："你们别问了，再问我都要哭了……"

我让负责维持纪律的学生会干部（外班的男生）站起来发言，其中一个学生会干部曾客串了搭档，也参加了游戏。他站起来说："在我看到同学们蒙着眼睛乱走，像是要撞到墙上一样，就特别想去帮助他们，阻止他们。但是，当我蒙上眼睛，感觉好无助，好茫然……所以这个活动必须要亲自去体会，才会有很深的感触。我发现我们班有5个男生，本来应该很有担当，做女生的表率。可是，他们在整个活动中都嘻嘻哈哈地打闹，太不应该了……"

最后，淑静的妈妈站起来，说："活动开始的时候，我看见孩子们蒙着眼睛乱成一团，心里特别难受，当时就想哭。后来李老师说了几句话，我才好一点。当我拉着孩子在人群中走的时候，我发现孩子还是不够大胆（我猜测，淑静没有安全感，她并不是很信任自己的妈妈）。在最后的一分钟，我放开了手，没想到，我一放手，她就被人撞了一下，还被踩了脚。我特别心疼……"淑静的妈妈也流泪了。我赶快让淑静去拥抱妈妈，并说："现在同学们来这里上学，你们的妈妈在远方，她们纵然不想放手，却不得不放手让你们自己去闯荡。当你们闯荡遇到困难的时候，妈妈会一直默默守候着你，心疼着你。但是，她们不能代替你……"

整个教室里的孩子，都想起了妈妈，忍不住流泪了。

活动结束后，我陪着三位家长往校园门口走，家长反复跟我说：

"老师，太感谢你了，以后要多搞这样的活动。有这样的活动你只管发到群里，我们都愿意参加……"

三、班级活动的形式

班级活动的形式一般有以下几种：

1. 模拟活动

大家千万不要小看这个模拟活动，许多事情，比如男生追求女孩子的情景，发生在现实生活中，大家不觉得怎么样，有的女孩子还会引以为荣。但一旦用小品演出来，就感觉非常可笑了，同学们再遇到这种情景，就会从内心深处排斥那些幼稚的行为。这就是模拟活动的功效。有时候我们还可以在班会里回放一些偷偷拍摄下来的学生的镜头，也很有意思，很有教育效果。

2. 交流活动

这种班会主要针对班级里带有共性的问题作双边式探讨。上文"老师哭吧！不是罪！"的案例就属于交流活动。

3. 文艺活动

这类活动旨在调节学生紧张的生活节奏，丰富学生的课余生活，有助于学生施展才华、发挥创造性，广受学生欢迎。

2006 年 12 月 27 日　　阴

乡音荟萃过大年

已经进入数九，天气没有理由保持以前的和暖了！但一早吹起刺骨的寒风，我还是禁不住地懊恼：马上要开元旦联欢晚会了，学生要穿光胳膊的表演服上舞台，老天怎么能这么不疼人呢？

军区大礼堂如一个大冰窖，颇有不把人冻个彻骨凉便不罢休的气势，事实上，它成功了！我十多年不曾挨冻的手，在今天下午冻肿了一个疙瘩。

这次晚会包括教工节目在内共 20 个，全部经过了学校领导的层层筛选，仅我们一个班就上了 7 个节目。为了让学生得到锻炼，我是下了很大功夫的，但她们中的一部分学生毕竟是第一次上舞台，一上场完全晕了，舞蹈乱七八糟，小合唱也没有合上节拍。还有 3 天就要正式演出了！这怎么不叫人着急呢？

排练完毕，已是万家灯火时候，我的学生一脸瑟缩："老师，您看外班的节目多精彩啊！"

"是的！所以我们要加倍努力了！"我收拾着物品，头也不抬地随便说。

"她们的节目那么精彩，我们班好多学生都有些气馁了！"

我暗自一惊：如果我的学生看见别人的节目精彩，所想的不是分析自己的劣势，迎头赶上，而是举手投降，这决不是我的心愿。

我把手里物品放下来，认真看着学生说："既然我们的节目通过了学校的审批，说明我们的节目也不差。但是，你们看是外班节目多，还是我们班节目多？"

"当然我们班多！"

"在同样的时间内，我们班节目比外班多。保证了数量，质量难免受影响。"

学生点头。

"我们该怎么做呢？"

"奋起排练，再加把劲！"

我点头，继续问："你们看，哪一个节目演员最多？"

"当然是我们班的《过大年》和《乡音荟萃》，全班都上场了！而别的班级，一个节目最多上 10 个学生。"

"是啊！别的班级只选专业课好的学生上场，而我们班是全体同学都上场。如果单单为了让领导说我李迪排练的节目精彩，我自然可以每个节目都只挑专业课好的学生上舞台，那专业课不好的同学，本来就没有舞台经验，不接受锻炼，进步会更慢。这不是教育的本质。我要让大家全部得到发展，我宁肯拿节目质量不高做代价。只要你们能得到锻炼，别人说我排的节目不好，我也心甘情愿。"

这一席话，我说得很动情，学生明显被感染了。这一次晚会是她们在毕业前的最后一次上台，谁不愿意接受锻炼呢？我们班专业课好的同学上台机会不比外班少，那成绩不太好的，这一次最少也有两次上台机会，我尚且不怕领导批评，她们又有什么话说？

但是，从内心深处说，我希望我的学生优秀、出色，我愿意给学生尽可能多的锻炼机会，自己也还是不希望被批评的，因此我用最具煽动性的话说："还有 3 天时间就要上舞台了！这里很冷，但我们不能就此认输！所以，这两天大家要辛苦一下，明天一有时间，马上来舞台上锻炼，多走走台（因为舞台是租用军区的，平时不能来锻炼），那没有舞台经验的同学就不会再晕头转向了！"

"老师，放心吧！"

群情激昂起来，我知道学生的士气已经鼓起来。专业课好的学生本来就刻苦，不畏艰辛；那专业课不好的学生岂肯不珍惜这好不容易得来的锻炼机会？

12 月 28 日　　阴

今天星期六，一大早在有空调的教室里练了声，我们——我和"刺麻苔"班的全体学生，便搬着录音机、电脑、电子琴来到了冰窖般的大礼堂。我们颇有同仇敌忾的气势——不错！寒冷、怯场，如今是我们全班同学共同的敌人。大家不说话，却一脸凝重，这正是排练的最好状态，我相信今天一上午的练习，足以超过平时一周的排练。

大礼堂悄无声息，一片阴暗，似乎还沉睡在冬日的早晨。只有舞台上一盏灯泡亮着，昏惨惨如瞌睡人的眼。如果一个人来这里，定有凄惶、恐怖感。但是，我们现在需要这样安静的环境排练。

我试遍了所有电源、插座，无奈全都没有电，怎么办呢？我对学生说："充分的准备是成功的第一步。好在我带了电脑，电脑里有电。"

先用电脑排练豫剧《抬花轿》。格格演唱，另有 16 名学生扮演新娘、4 个轿夫伴舞。我们平时排练用的是磁带，磁带和光碟节奏不一样，正式演出是要用光碟的，所以昨天的《抬花轿》尤其失败。电脑声音好小，我抱着它一边躲避着新娘们的舞步，一边巡回在舞台中央，好让所有人都能听见。这一次我们重新拉了队形，一曲《抬花轿》没有排完，电脑没电了，舍不得让格格费嗓子，我大声歌唱着、打着节奏让学生练习。

学生进步很快，我真正感觉到了师生一心的愉悦。

接下来是《过大年》和《乡音荟萃》，我们根据舞台重新编排了舞蹈造型，直到确信学生不会再晕头转向，已经中午 11 点半，学生兴趣极高，我也放下心来。

排练中间，许晴的父母来了，看到女儿在舞台上那么认真地歌舞，他们好开心。又听说为演出学生要出去租衣服，夫妻俩异口同声地说："干什么租衣服？干脆买一套算了！"

我笑："学生都已经没钱了！"

"为孩子学习买服装，每个家长都会同意的。"难得我的学生家长这么支持学生，我拉着许晴妈妈的手说："那衣服买了平时也不能穿，所以才去租的。"

许晴的父母这样说，其实是代表了学生家长的声音，无论如何，这是一个好现象。

今天的排练很成功，我对节目已经很有把握了！想一想，只用了半天时间啊！

12月31日　　阴

元旦文艺汇演将在今天上午9点半正式开始。

第一个节目就是我们班的《过大年》，姑娘们穿一身火红的衣服，胸前一个金色福字，袖口、领口镶着白色毛边儿，头上扎两个冲天羊角辫儿，喜庆又活泼；格格的《抬花轿》经过改编，新娘们俏皮可爱，唱腔也有板有眼；《乡音荟萃》里伴舞的学生身着一袭洁白的连衣裙，头上戴一个白色小碎花环，手提花篮，如仙女般在舞台上走来走去，不能不让人赞叹。据说，市教育局来了好多领导，校长看着精彩的演出问："我问您几个问题。第一个问题：您能看出来这些孩子来自农村吗？"

答："看不出来！"

校长："事实上，她们确实来自农村，来这里时间不长，您想一想我们的老师下了多大的功夫，才让她们有了如此的改变。第二个问题：您看她们可爱吗？"

答："可爱！真的好可爱！"

校长："这是被普通高中淘汰下来的学生啊！入学时有的同学总成绩只有100分。所以，只要我们不把眼睛盯在她们的文化课上，谁能说这些孩子不可爱呢？我不认为她们是差生……"

我不在意领导对整台晚会的评价，作为一名班主任，一个音乐老师，我只知道我的学生得到了锻炼。她们有的舞姿不美，有的歌唱能力不高，但我必须给她们机会，否则，她们会越来越自卑。

没想到的是：我的学生都很争气，在舞台上并没有什么失误！我没有什么可遗憾的了！

由上面的日记可以看出，仅仅一个文艺活动的组织，里面就包含了多少教育意义：面对暂时的落后，我们该怎么做？当我们遭遇困难时，怎么应对？更别说师生携手共进、感情加深，学生得到了锻炼，等等。想一想，若没有一个又一个的活动，老师用什么去赢得学生的真情？学生又该怎样去收获成长的乐趣？

4. 竞赛活动

竞赛活动是针对学生的好胜心和竞争心而开展的以知识、能力为竞争内容的班级活动。竞赛中是否获得名次是次要的，主要目的是通过竞赛让学生明辨是非，增长辨别能力，巩固对知识的掌握，提高学生对知识学习的兴趣。

比如，我曾经在 2007 年春季学校组织的女子篮球赛上，对学生说过这样一席话：

"女子篮球赛"动员会上的讲话

同学们：

"女子篮球赛"对于我，已经是第三次经历了；对于你们，却还是第一次经历。记得学校首届"女子篮球赛"中，我所带的"新月"班正上一年级，莹儿、紫云等几个同学生龙活虎，啦啦队也非常积极，全班同学每场必去加油。那次我们一举获得全校冠军。所以，我认为，篮球赛不仅仅是几个队员的比赛，应该是涉及全班荣誉的事情。现在，在咱们班即将参加女子篮球赛之际，我正式宣布：凡有我们班篮球比赛的场次，全班同学都必须去当啦啦队，大家愿意参加吗？（群情激昂起来，纷纷回答"愿意"，篮球队员们更是双眼发光。我继续——）

第二届"女子篮球赛"是在 2005 年春，当时我因故左臂骨折，休病在家，啦啦队的组织就差了些。首先和我们对打的是电子班。电子班女生少，无论是否会打，全部上场，两个班的水平悬殊自然很大。一开始电子班的队员根本就摸不到球，但裁判和电子班的男生是哥们儿，中国人一向又是同情弱者的，他们对我们班篮球队员的要求未免严了一点，据说还吹了几次"黑哨"。如此，"新月"班同学受不住了，在篮球场上生气、恼怒。结果越打越没劲。最后，"新月"班竟打输了。全校学生听说后，无不愕然。（如今教室里也是一片愕然。我继续——）

现在再来分析当初失败的原因：其实"新月"班的篮球水平是很高的，就算裁判对她们严格要求，乃至吹"黑哨"，只要她们自己不放弃，篮球赛就绝对不可能打输。她们没有输在技巧上，而是输在了自己的心理素质上。现在，我们"刺麻苔"班也面临着篮球比赛。有的同学说外班同学打篮球的水平高，但我看咱们班水平也不低，秋丽、韩悦、小可不都挺猛吗？况且篮球赛有时候比的根本就不仅仅是技巧，而是心理素质和团队精神，这是体现我们班团队精神的时候，也是锻炼我们心理素质的好机会。比赛中暂时领先了，别骄傲，后面局势怎样还不知道；暂时落后了，也别气馁，只要我们配合得好，有信心，极有可能转败为胜。在这里我需要同学们记住的是：无论我们遇到怎样的不公平，都不要像"新月"班一样自己泄气。"新月"班的同学最后输得相当窝囊，清醒过来后更加不甘心，向学校要求重新比赛，并且表示愿意连打五场，电子班只要能打胜一场，她们就甘拜下风。但是，学校无人理睬，我也认为学校的做法是正确的。当时，"新月"班的同学们真是欲哭无泪啊！

篮球比赛是这样，生活中难道不也一样吗？若是我们在学习、工作中有了不公平的遭遇，种了瓜，却收了豆，伤心流泪是难免的，但与其怨天尤人，不如擦干眼泪，振作起来继续努力，一旦机会来临，自己也有足够的条件去应付。若是得不到别人的承认就懒散、郁闷，失败将永远陪伴我们。

最后，我要告诉同学们：任何一场比赛，都有两个胜利者。一个是比赛得分的冠军，一个是赛后躺在草地上吹口哨的比赛失利者。无论如何，我都希望我们班的学生赢得起，也输得起，成为比赛中真正的胜利者……

5. 辩论活动

主要通过讨论、演讲、辩论、咨询、说服教育等形式对学生普遍关注的一些重大问题或焦点问题，加以澄清，统一认识。组织这类班级活动，事先要有充分的准备，包括寻找有说服力的证据、设计严密的论证方式、反复推敲论据排列的逻辑关系，还要考虑出现意外情况时的应对措施等，以使双方紧扣主题，就事论事，防止离题万里和搞人身攻击。

除此以外，班级活动的形式还有纪念活动、实践活动等，前文已经说过，在此不做赘述。

四、班级活动的设计

班级活动的开展一般应包括以下几个方面的内容：

1. 活动资源的挖掘

学校生活、社会生活、家庭生活的资源都可以充分挖掘。

2. 活动主题的选择

活动内容要符合三点：求"近"、求"新"、求"小"。我们若是选择和学生生活相距很远的题材，或者很陈旧的话题，和学生不是息息相关，激发不了学生参与的兴趣，肯定不行。若是教育的痕迹太明显，显然也不行。

比如"我的老师我打扮"，选择的角度就符合"新""近""小"的特点。

我的老师我打扮

仪容仪表向来是学校的"老大难"问题。不是咱做老师的不接受新事物，而是处在青春期的孩子打扮太出格。比如女孩子涂脂抹粉、描眉画眼，烫"爆炸头"，夏天穿吊带上衣或露脐装，甚至一只耳朵上戴四五个廉价耳钉；男生头发齐肩并染成五颜六色，穿着凉拖在校园里晃悠等。任凭老师、领导如何强调，孩子的逆反心理一起来，谁说都没用。屡教屡败、屡败屡教后，我灵机一动，开始拿自己"开刀"，利用班会时间发起讨论：班主任怎样打扮最好看？

话题一经发起，学生便激动起来——青春期的孩子对评论老师的衣着打扮一向是很感兴趣的，这样的选材角度，学生岂不喜欢？

许晴心直口快："老师前几天穿花连衣裙，再配一件白色小披肩最漂亮！"

别的同学纷纷附和。

我不由眉开眼笑："说一说，我穿那件裙子怎么漂亮了？"

答："显得热情、大方。"

我自豪地解释："其实那件衣服是一个吊带裙子，白色小披肩是我自己配的。"

学生纷纷惊叹："哦！老师如果不穿小披肩，肯定也很漂亮。"

我点头："是的！我在家里的时候，就只穿吊带裙子。"

学生一脸向往："什么时候让我们看看啊！""我从没见过老师穿吊带裙子！"

我摆手笑道："这可不行！如果我来学校只穿个吊带裙，你们感觉合适吗？"

学生也异口同声地笑着说："不合适！""校长非批评您不可！"

我说："岂止批评？说不定马上停我的课，让我回家换衣服去。"

学生又笑，我继续说："可见，衣服是不能随便穿的。吊带裙很漂亮，但没有小披肩的时候，就只能在家里穿。大家要记住这一点哦！以后不能在校园里穿吊带衣服。"我又问："你们还喜欢我穿什么样的衣服？"

答："西装套裙。"

问："为什么？"

答："像白领丽人。"

问："如果我带大家郊游，应该穿什么衣服？"

答："黄色运动服！""牛仔裤，蝙蝠衫。"

问："发型呢？要不要也换换？"

学生："老师，您以前的披肩直发好看，还是把头发拉直吧！"

我懊丧地说："是的！上学期我把头发烫了，据说今年流行烫发，我这一烫，似乎是洋气了，其实没有以前好看。可见，流行的东西不见得适合我们。"

学生点头。

最后我问："首饰呢？你们感觉老师要不要买些首饰戴？比如手上加几个戒指？脖子上戴个项链？老师还是能买得起这些东西的。"

学生鼻子一皱，摆手："不要了吧！就这样蛮大方的。"似乎我提了一个很不屑于回答的问题。转而说："不过您应该再买些漂亮的发卡戴。您的发卡实在太朴素了！"

我深深表示感谢："谢谢你们！谢谢你们给了老师这么多好的建议。谁说你们没有审美观呢？我按大家的建议打扮起来，一定很得体！"

学生一脸得意，竟没发现进了老师的圈套，我继续："最少你们没有让我烫个'爆炸头'（学生大笑），或者建议我把头发染成金黄色

（学生又狂笑）。"我也笑："大家更不希望我穿吊带裙上班，或者戴五六个金戒指。"

教室里持久的一阵爆笑后，蓝菲喊："您打扮成那样，人家说不定还打劫您呢！"又一阵哄笑。

等大家略平静些，我又问："大家暑假里看过电视剧《家有儿女》吗？"

学生马上又来劲了："看过！"

"里面的小女孩小雪，年龄和你们差不多，她的亲妈妈送给她好多化妆品和成人衣服，有一次她浓妆艳抹，身穿吊带裙逛街去……"

萧萧："我也想起来了！"

于是，萧萧继续说："后来，她被一个喝醉酒的男青年纠缠，吓坏了！回家后哭喊，'以后再也不穿那样的衣服了'。"

我说："其实，我们学生就应该有个学生的样子。小雪那样的打扮，也难怪男青年纠缠她。大家今天把我'打扮'得那么得体，老师相信你们也能把自己打扮得体。"转而问，"大家说，咱们班哪位同学最漂亮？"

大家一下子愣了，稍停片刻纷纷说："樱花""伊梦""静怡""润娜"。听她们没完没了说起来，我急忙打住："大家回忆一下，她们平时可曾戴首饰？可曾涂脂抹粉？"

学生纷纷摇头："没有！"

我说："所以，十七八岁的女孩子，自有你们的清纯和靓丽，没必要戴那两三元钱的廉价饰品。看一看，人家樱花和伊梦从不戴首饰，却是公认的'校花'。你们不也不赞成我戴首饰吗？"

马上有几个学生响应："以后我们不戴那廉价首饰了。"

我说："好！好！从今天开始，咱们的仪容仪表不成问题了！"

这时候，赵微忽然提醒我："老师，咱们班好多同学在校园里穿凉拖呢！这也属于仪容仪表问题啊！"

我佯作吃惊状："穿凉拖？不会吧！在我的印象里。凉拖只能在家里穿，在外面穿凉拖会给人邋遢的感觉。真的有人在校园里穿凉拖吗？"学生不作声，我稍停片刻，笑道："我知道，咱们班女孩子以后不会穿凉拖出现在校园里了，是吗？"

一节班会课转眼结束了，气氛很热烈，似乎是离开了"我的老师我打扮"的主题，但一切都在我的意料中。班会前，我担心讨论方向不正，中间便安排了许多同学发言。她们都是些品德优良的学生，我相信她们的观点，便没有授意她们说什么。正因如此，我们的跑题才跑得不留痕迹。为什么总是强加给学生自己的观点呢？那样很容易激起孩子的逆反心理。其实，什么是丑，什么是美，孩子心里很清楚的啊！

五、班级活动的准备和开展

活动的开展要注意：

1. 活动开展中要以学生为活动主体，学生能做好的事情，老师只做适当引导即可。

2006 年 12 月 23 日　　晴

不用了吧，老师！

今天下午学校要审查元旦的学生节目，上课前静伊来办公室送琴房钥匙，放下来急慌慌就要走，我喊她："今天下午需要我去为你们加油助威吗？"

静伊已经出了门，折过身来，将鼻子一皱，说："不用了吧——老师！"

我摆手："好！那你快去吧！"

办公室一片寂静，少顷，端端老师一边感叹："看你们班的学生现在多自立啊！"一边站起来学静伊的语气："不用了吧——老师！好像在惊奇老师何以会提出如此简单、不可思议的问题。"

老师们一阵欢笑，我也点头："是啊！我以前的学生在元旦审查节目时，总是要求我去压阵的。"

玮老师正在计划冬至包饺子需要的用料，问："你们班包饺子一共买了多少韭菜、多少肉？"

我答："不知道！是班干部自己去买的。"

玮老师羡慕得直拍面前的本子："看你们班的学生多让人省心啊！什么都不劳你操心，就安排得井井有条了！"

办公室安静下来，我独自坐在窗口回味端端老师和玮老师的话。这个班级没有得过多少次红旗，学生曾经打架、旷课、发癔症、推班长下台、向我提意见，我也曾不止一次感叹：李迪的"英名"毁在了这个班的学生身上，也曾自豪地谈起过以前班级学生的事迹。但现在看，也许，这一班学生会成为我最满意的一届。她们脾气火暴，但讲理，有自己的主意，且自立。这一次元旦晚会的节目，我只提供了音乐，谈了自己的设想，剩下的都是她们自己在排练。但是，所有节目竟然都被选上了！甚至在审查节目的时候，也感觉不必要老师去压阵。

也许，这届学生才是将来最有前途的学生。

很多班主任感叹自己太忙，其实要让自己解放也很容易——学生能做好的事情，绝对不替他们做，足矣！

2. 活动开展中注意营造与调动活动气氛。

3. 活动中召集人要注意语言技巧。召集人的语言可分为导入式语言、串联式语言、结束式语言三类。

4. 活动开展中注意互动，如果多数同学参与不进来，这样的活动肯定是不成功的。

5. 活动开展中注意灵活应变。比如我们到森林公园游玩，谁也没想到会迷路，但迷路后，我们也能顺其自然，反而经历了更多有趣的事情。

6. 活动中班主任要发挥主导作用。

我们组织班级活动，主要目的是想让孩子在活动中形成正确的态度、情感、价值观。在学生态度、情感、价值观的生成过程中，老师的职责是引导。但是，现实中的很多主题班会，老师都退居二线了。学生有些观念是不成熟的，或者说是片面的。老师不引导，不调控，想让学生自己生成合理的价值观，很难很难。我们这里的引导并不是简单地告诉学生："你那条路走不通，你要沿着我给你指出的路走才行。"这样的引导太以自我为中心了，学生绝对都会抵触的。高明的引导者应该先查清楚孩子正向哪个方向走，搞清他的具体路线（感情路线和思维路线），然后陪他一起走，暗中推他一下，或拉他一把，让他在不知不觉中转变方向，回到正确的轨道上来。

我曾见过一堂辩论形式的主题班会，同学们就"生活要不要规则"的问题进行了精彩的唇枪舌战，两种不同意见的代言人都振振有词，辩论持续了十多分钟，认为生活不需要规则的还大有人在。到活动结束，老师也没有倾向性的表态。当学生的价值观偏离社会期望时，老师仍然一言不发，甚至不出场，还自以为这是尊重学生的主体作用。这是对新课程理念的片面理解。新课程背景下，教师本来就是参与者、调控者，而不是旁观者。（案例可参见后文"爱情教育奏鸣曲"）

六、班级活动的评估与拓展

1. 班级活动的评估

反思是很好的发展方式，班级活动开展完成以后绝不意味着结束，对活动的评估和拓展是我们必须做好的工作。通过反思，可以使活动的教育效果得以加强，使以后的活动得以优化，可以使教育得以延续和深化。

例如上文的案例"亲爱的同学，我来陪伴你"就有后续。

亲爱的同学，我来陪伴你（续）

第二天一早，我走进教室，说："昨天学生会干部曾经批评咱们班男生，说他们表现不好。那么，我想问问同学们，他们表现到底好不好？"

女生不吭声。我问男生："你们觉得自己表现好不好？"

朝辉说："不好。"

我继续问："怎么不好？"

新苑说："我们总是捣乱。"

我又问："你们为什么要捣乱呢？"

男生不作声了。我叫蒙毅站起来，说："你再把昨天的发言说一遍。"

蒙毅摸不准我的目的，一时摸不着头脑，我提示说："你一开始参加活动的时候，身边人都是怎么做的？"

蒙毅说："她们都推我，让我很难受。"

我说："注意啊！一开始我只是让你们乱走，并没有让你们去推对方，但是你们一旦感觉到自己碰到的是男生，忍不住就去推他们了，是吗？"

女生郑重点头。

我说："但是，你们有没有去体会男生的感受？当他们被推开后，心里很难受，为了避免被推开，所以不敢往人群中走。这样在旁边站着，他们就很无聊，很尴尬。为了避免无聊和尴尬，只好嘻嘻哈哈、打打闹闹地捣乱……"

我问男生："我分析得有道理吗？"

男生纷纷说："就是这样的。"——他们瞬间有了被看见、被同情的感觉。

我说："所以，当一个妈妈嫌弃孩子吵闹要推开孩子的时候，孩子就会捣乱；当一个老师嫌学生淘气要推开学生的时候，学生也会捣乱；当我们班的女生都要推开男生的时候，男生也会捣乱。那，为了不要男生捣乱，我们应该怎么办？"

女生纷纷说："不要再推开男生了……"

第一节下课后，赵静跟我说："老师，听您一说，我觉得自己挺对不起男生的。当时我蒙着眼睛，总是要碰到小旭，我碰到以后，彼此间忍不住就要说对不起，这样就很容易判断出来对方是谁。所以，后来我就说：'小旭，你不要总是碰我，你往别处走走。'但是，现在想想，我这样对他挺不公平的，因为大家都蒙着眼睛看不见，我让他往哪里走呢……"

……

活动反思：在整个环节里，我个人认为，最有价值的是同学们的分享发言。

每个人的成长都有最佳时期，比如牙牙学语的时候，是语言发展最佳时期；0～3岁，是安全感产生的最佳时期，等等。一个班级的成长，也有其班风形成的最佳时期。新生班级成立前两个月，就是班风形成的最佳时期。所以无论多忙，我都要抽出时间带学生去讲去谈去探索，以便增强班级凝聚力。

这样的体验活动，其实是需要声光电配合的。然而，舞蹈教室的音响不响，话筒也没有声音，同学们又是第一次参加这样的活动，难免新奇，嘻嘻哈哈的，我的嗓子快要喊哑了，同学们才开始有序地进行。

我认为这个活动很失败，没想到，同学们在谈感想的时候，发言如此精彩。

以下是我带学生对 2008 年元旦文艺汇演的评估，是"薰衣草"班发生的故事（前面元旦晚会的例子是 2007 年"刺麻苔"班的故事）

2008 年 1 月 2 日　　晴

元旦文艺汇演的评估

今天是 2008 年第一次上课，早会时间，我带同学们评估、总结元旦文艺汇演。

我提出的第一个问题是：我们班的节目成功吗？

大家都回答"非常成功"。事实上，现在老师们看完节目，也说他们的头脑里一整天都回响着我们的班歌："我们是 07 幼（1）的薰衣草……"而孩子们感兴趣的，却是《踏雪寻梅》里的"响叮当、响叮当、响叮当……"

我说："咱们是从什么时候开始作准备的？"

答："两个月前。"

"可见，我们若不付出，就不可能会有回报的。"

学生点头。

我的第二个问题是："在汇演过程中，你看到了什么让人感动的事情。"

学生一开始很迷茫，后来，美玲说："咱们班的学生都很守时，说什么时候集合，就能什么时候集合。"

甜甜说："这么冷的天，我们穿着光胳膊的衣服在舞台上跳舞、歌唱，但没有一个学生退却。"

我点头，说："好！让我们为自己鼓掌。"热烈的掌声响起来，我继续问："还有什么让人感动的事情吗？"

学生认真想了想，有人含糊着说："没有了啊！"

我点头说："我倒观察到几点。首先是沁芳（这个孩子有妄想症心理疾患，现在基本痊愈），她特别操心，在小品演出前就在台下等待了。快到自己伴奏的时候，竟然蹲在舞台下——因为害怕影响别人看演出。"同学们都纷纷看沁芳，沁芳笑着涨红了脸。我继续说："你们知道当时陪伴沁芳的是谁吗？"大家茫然地摇头，我说："是宝宝，是那个曾经很任性的宝宝，现在却非常懂事。本来小品里有她的角色，结果被刷掉了。但她没有丝毫不满，依然这么关注着班级，关注着我们的节目。最为难得的是，她在忍受着病痛——她已经有好几天没好好吃饭了。这样的学生，确实让我感动。难道你们不感动吗？"

大家主动鼓起掌来。

掌声停下后，我继续说："在咱们班，最让我欣慰的就是大家都有一个宽广的胸怀。比如小庆，她唱歌跑调，婷婷就在幕后为她伴唱。这说明，同学们在当时根本就不想自己的利益，我们只有一个目标——让节目更精彩些。我希望，我们班能永远都这样积极向上，同学们永远都这样宽厚善良。"

其实，这是我在强化同学们服务班级、服务他人的意识，同时又给了大家一个好的标签——我们的心胸很开阔。

然后，我说："大家感觉咱们还有什么不足的地方？"

学生愣着，不知道怎么回答。她们是真的没有认真观察。我提示说："咱们的舞台妆化得怎么样？"

学生一听，才恍然大悟："我们不该用粉色眼影，我们的妆太淡了。"

我说："还记得吗？你们去买化妆品的时候，我就给你们建议，蓝色眼影上舞台最有效果，你们偏偏不听。我只好任你们买粉色眼影。"

学生都笑："那您当时怎么不强迫我们听您的？"

我惊笑道："我强迫你们？我能事事强迫你们吗？那岂不是要激起你们的逆反心理？这样的傻事我才不要做。但通过这件事你们要相信，老师给你们的建议多数情况下是有价值的。俗话说'不听老人言，吃亏在眼前'，岂虚言哉？以后，在小事上我还是只提建议，你若不听，就只能接受教训了。好在这教训也不严重；但在大事上，比如你要跳楼、要旷课、要玩失踪，我就要强迫了。"

大家开始嘻嘻哈哈笑，我转向了对自己的评价。演出的前一天彩排，恰好是星期天，我没有到学校看她们排练。演出那天一早来到学校，美玲就说："老师，昨天您怎么没来看我们彩排？有几个班级的班主任都过来了。"我当时没有说什么。今天，我把这个问题搬到教室里来公开讨论。

我说："彩排那一天，我没有来陪伴同学们。"

学生一听，纷纷埋怨说："是啊！老师您怎么没有来？别班的老师都在。"

我很认真地问美玲："那天我没到场，咱们班同学听话吗？"

美玲："大家都很自觉，很有秩序。"

我点头："可见，你们离开我也能办成事嘛！以后凡你们能干好的事情，我绝对不替你们干，我不会一步不落看着你们的。"

学生不作声，瞪着大眼睛看着我发愣。我说："大家也许会感觉我不太负责。那么，真正负责任的老师是什么样子的呢？"我随手翻起了李镇西老师《做最好的班主任》一书，这是我昨天就准备好要读给大家听的。我当然可以把这些话变成自己的语言讲出来，但那样做的话说服力就不够强了，还很可能激起学生的反感。

李老师说："有两类班主任，一类是整天都守着学生——早操、早读、课间操、午休、做清洁卫生、晚自习，一直到寝室灯熄灭，班主任都辛辛苦苦地陪伴着学生。这样的班主任是不是负责任的老师？还有一类班主任，并不时时刻刻守候着学生，而是着力培养学生的自律和自理能力，他并不时时出现在教室里或操场上，但班上的纪律却很不错。这样的班主任又是不是负责任的老师呢？

"从表面看，这两类班主任都是对学生负责。其实，我认为第一类班主任只能说是工作态度端正，却很难说是对学生真正负责。因为学生离不开他的守候。一旦没有了老师，学生就乱成一团糟，毫无自律意识和自我管理的能力，当着老师一套，背着老师又是一套，渐渐形成双重性人格，长大之后他将如何对待他人、对待社会，他是否会真的有出息，令人担忧。培养出这样永远离不开别人监督的学生，这样的老师能说是负责任吗？

"而第二类老师，虽然没有随时守着学生，无论是自习课纪律，还是清洁区卫生，或者说参加学校运动会、文艺表演等各种活动，学生能够做到老师在与不在一个样，做到为班级争光。这样的班主任，未必事必躬亲，似乎还很轻松，但我认为他们是真正负责任的老师。因为他们培养了学生自我教育和管理自己的能力。这种能力将让学生终身受益……"

最后，我笑道："你们听见了，这可不是我的话，这是大教育家的话。今天我给大家讲这些话，只是想让同学们了解我的教育思路和方法，并支持我。苏霍姆林斯基也曾说：'真正的教育，是自我教育'。"

学生纷纷点头，我却依然不放心，怕她们不理解我，反说我为自己的"不负责"找理由，又回忆说："你们可记得，咱们班刚刚成立的时候，我每个星期天晚上都来看大家？"

同学们点头。

我又问："可记得那时我每天早上来到学校，教室里还没几个人？"同学们依然点头。我说："为什么当时我看你们那么紧？因为那时我们的规矩还没有形成。而现在，大家基本都有了良好的行为习惯，有了很强的规则意识。我就可以适当放松一下，读些书，学习一下教育艺术了。同学们理解吗？"

学生很洪亮地回答："理解。"

我笑道："彩排那天我没有来，你们有发生差错吗？"

有人说："老师，同学们那天走得匆忙，忘记带电子琴过去了。后来，我们几个人又马上跑回来一趟。咱们以后再不能这样丢三落四了。"

我点头赞道："好！幸亏那天我没来，否则，肯定是我亲自跑来背电子琴。咱们中国的大教育家陶行知曾说：'我们为学生做的事体越多，越是害学生。'"

学生瞪着眼睛，显然不明白。我说："我们学习知识，可以分为两种，一种是掌握知识。也就是从别人那里接受知识，是被动的；一种是'触摸知识'，也就是遇到一个问题，自己能够想办法去解决，这就长进了一些经验，是主动的。问题解决越多，经验就越丰富。若是我代你们解决问题，纵然问题暂时解决，经验却被我拿去了。即使你后来从我这里掌握了这一经验，也多少带些纸上谈兵的味道。最终，我这个班主任解决问题的能力很高，学生的能力却一般。这不是我们所期望的。"

我走出了教室，反思今天这一席话，主要目的其实还是想培养学生的思维能力，同时让大家理解老师。人们说："医生越老越吃香，而老师却是越老越不值钱。"因为医生凭的是技术，而老师拼的是体力。随着年龄的增长，老师的体力越来越差，若不想着提高教学技术，依然一刻不停陪伴着学生，或者说监督着学生，那也是消耗、燃烧，会越来越感觉力不从心。

如果自己要想尽量从琐碎的事体中解脱出来，没有学生的理解和支持，一切都将成为空谈。

2. 班级活动的拓展

学生的成长是一个持续的过程，我们的教育也应该是一个连续的过程。一个活动结束并不意味着整个教育活动的结束，而是到达又一个起点。关于活动的拓展，一般有两种形式：

（1）衍生性活动

所谓活动的衍生是指我们在上一次活动中出现一些新的问题有待解决，或者有些问题没能在上次活动中得到解决，需要我们设计相应的新的活动来解决这些问题。也可能是在活动开展期间萌发了新的灵感，需要创设一些新的活动，等等。

比如活动后续：

"亲爱的同学，我来陪伴你"活动后的第二天晚上，我给学生布置的作业是将自己在活动中的感受写下来，大家抽空在一起继续分享。这将是另一个班会的主题。

（2）系列化活动

学生的成长是有规律的，这些规律中最基本的就是年龄发展规律。比如"异性交往"的问题。由于这些问题都是可以预见的，所以我们可以根据学生的成长阶段设置系列活动，以帮助学生成长。

比如我曾经设计过一系列爱情教育的主题班会，并出版《我和学生谈爱情——将爱情教育进行到底》一书，只看标题就知道系列班会的内容。其部分标题是：

第一单元　理解爱情

1. 什么是爱情

2. 一棵开花的树

3. 叶与树的爱情

4. 什么样的爱是成熟的爱——从陆游、唐婉和赵士程的爱情说起

5. 爱情味儿是什么味儿

第二单元　女人味儿

1. 灰姑娘的婚姻危机
2. 为妻当如卓文君
3. 李清照的爱情梦
4. 女人味儿是什么味儿

第三单元　男人味儿

1. 莫学元稹负莺莺
2. 为夫当学苏东坡
3. 男人味儿是什么味儿

第四单元　环境对爱情的影响

1. 小鱼儿如何选择
2. 凄美的乌托邦爱情——柴可夫斯基和梅克夫人
3. 生死未了三角情——舒曼、克拉拉和勃拉姆斯的爱情故事
4. 我想说的究竟是什么

……

陶行知说："生活即教育"。老子说："是以圣人处无为之事，行不言之教。"事实上，学生在活动中掌握的知识，也确实比从书本上获得的知识牢固。

第二章

打造良好的班风

——奠定和谐师生关系的基调

　　和一切事物的发展一样，班级的发展也是有张有弛、循环往复的。如此，整顿班风的举措，便不得不常常在我们的教学生活中出现。一般情况下，我整顿班风是和风细雨的。但是，2006 年春末夏初开展的整顿班风活动却带了惩罚——甚至体罚的味道。

　　体罚是一个很敏感的话题。闲暇时我和同事们谈论起教学中的惩罚，多数老师认为我们必须小心、小心、再小心："咱们面对的是花朵般娇嫩鲜活的生命啊！他们需要的是呵护、关心啊……"

　　听此话，我心头一时涌现出酸甜苦辣来，不免审视自己的惩罚行为，询问自己是否真的爱学生。这一问题尚未想通，却常常有人找我询问，问我是否在教学中对学生也有过惩罚。我吞吐着，犹豫着，终于在忍了又忍、欲说还休后，尴尬不堪地红着脸承认："我对学生有过惩罚的，而且是'连坐'性质。也就是说，一个学生违反纪律，全班学生跟着受惩罚，最后把我也给罚进去了……"

　　听到我这席话的老师，无不作目瞪口呆状。我便将那惩罚、"连坐"等情景娓娓道来。待到故事讲完，无数老师感叹："太精彩了！太真实了！我相信编剧都编不出如此让人感动的教育电视剧……"

　　以下，是我 2006 年整顿班风的详细记录。

一、问题出现，山雨欲来风满楼

　　任何一个班级整顿班风的决定，都孕育在班风不稳、纪律散漫、山雨欲来风满楼之时。且看 2006 年我在班级开展整顿班风的情景。

新班规出台

　　近来，班里学习气氛不太好。课堂上学生睡倒一大片。而迟到、旷课、上课说话、随意去厕所等现象更是屡禁不止。

收拾起凌乱的心情，中午照例开班干部会，总结近来班级情况。

"老师，您实在是太温柔了！咱班的学生，您不能经常对她们笑的。"思彤这样说。

玲玲也点头："是的！是的！您其实完全不必解释那么多，就严厉一点，让她们按您的吩咐做吧！"

"咱们班就适合军事化的管理。昨天班长说调一下座位，哎呀，您不知道教室里有多乱，恨不能把房顶都掀起来，总之怎么做都不行。"伊梦如此说。

"回想起军训的时候，虽然经常挨教官的骂，但也蛮有意思的，委实比这样散漫好。"韩悦说。

……

平心而论，我们班在学校还是深受任课老师好评的班级。但是，只有我知道这些学生的个性有多强。我常常像个灭火器，东边着火扑向东边，西边着火扑向西边。我以前带班，多用感化式方法，效果很好，学生很能体贴我，总怕我操心。但这个班级的学生，一个个冰雪聪明，她们也并不是不关心我，只是总控制不住自己。直到今天，我还是没有找到管理她们的有效方法，总有些手忙脚乱。

难道，我真的应该改"感化"为"强制"了？

早操时，学生总是迟到。原因竟是：以前跑操天还没亮，就那样蓬头垢面出来也无所谓；现在跑操时天已经很亮了，姑娘们格外爱美，必须把自己收拾得妥妥当当才出来，于是便迟到了。

所以，班干部建议：应该像军训时一样，给学生 10 分钟时间，必须出来，任何一位同学迟到，全寝室都罚跑步。

其实道理同学们都懂。有一次语文老师利用一节课的时间，对大家说家长挣钱多么不容易，同学们不应该荒废时间等。当时同学们很感动，一个个低着头，几乎要流下泪来；可是一转脸，就把老师的话忘到了一边，上课该玩还是玩，该睡觉还是睡觉。

如今课堂自由散漫得很，常常有人正上着课，就打报告要上厕所。尤其是数学老师是一个年轻男教师，刚开学有一个女孩子因生理特殊原因打报告上厕所，老师说："以后你们谁要是上厕所，不必和我打招呼，自己就直接去吧！"这样一来不得了，一节数学课甚至有十多个人陆陆续续上厕所，老师的课都被打扰得七零八落。

所以同学们建议，班规上应该规定：上课时间不准随便上厕所。

同学们平日里感觉清闲得要命，作业却不想做。而且常常在上课时，一睡睡倒一大片……

我不禁着急：长此下去，掌握不了技能，毕业后找不到工作，我岂不是害了她们一辈子？据说佳佳甚至开玩笑说："咱妈为咱掏学费，就是让咱出来睡觉的。"

于是班干部建议：中午一点钟，同学们必须午休。有一人不睡，全寝室同学蛙跳 20 次……

好吧！就听从班干部的建议，重新制定班规，增加一些适当的体罚和"连坐"，意在给犯错同学一些压力。我知道自己早已习惯了对学生和颜悦色，我不会严厉过分的，我只希望自己能宽严适度。

……

中午，赵微和思彤拟订了新班规，下午班会课上宣读、讨论，并举手表决。同学们显然对"连坐"不满，特别是有一条规定，如果晚自习纪律不好，全班同学第二天都到操场跑步。有的同学说："也许只是个别同学不遵守纪律，为什么全班同学都要跑步呢？"

我说："咱们班的正气一直都没有压住邪气，许多同学都不以违反纪律为耻，甚至旷课了还想：看我多有能耐，我旷课老师也拿我没办法。大多数同学对这样的现象也没有丁点儿反感，甚至羡慕她们，向她们学习。所以，我们要用这样的方法给违反纪律的同学压力，让大家都对她们的行为不满。"

有的学生说："老师，我们若真的有特殊情况，需要上厕所，难道也不让上吗？"

我说："真的有特殊情况当然可以去厕所，但这特殊情况的概率应该很低的。我就奇怪了，怎么上我的课你们很少有特殊情况，一到上数学课，就有十几个同学同时有特殊情况，这不是怪事吗？"

学生纷纷捂着嘴笑，表示赞成我的话。事实上，她们一直在留恋军训时丁教官的严厉。听班干部众口一词对我的建议，怎知她们不是早就希望我用强制的手段？再看看学生这一次对我的教育评分（成绩不高），怎知她们不在渴望我的改变？想起来上学期的几次打架事件，她们一个个本就不是柔弱的女子，也许真的希望老师"酷"一点。

时代在变，学生在变，我的班级管理方法，也应该变一变了。我当然不能一味严厉，适当时候，我还要运用自己已有的方式——感化。

相信明天会更好！（5月15日）

时过境迁，我再来审视当时整顿班风的过程，感觉学生当初之所以留恋军训生活，可能只是假象。因为军训很短暂，带给她们的是稀奇、刺激和难得的感觉。而教育是靠学生自己从内心生长花朵，这个过程需要阳光和雨露，不需要过分的裁剪和修饰。

那么，我当时整顿班风有必要吗？

当然有必要。一切的内在，总是要有个由外加到内化的过程。难道优秀教师的自我约束是天生的吗？那也是父母、老师，在我们长期的成长过程中帮我们养成的。当班风不正的时候，当学生懒散、迟到、上课睡觉的时候，当班级"邪气"要压倒"正气"的时候，整顿班风是当务之急。王晓春老师曾经说："班主任工作林林总总、纷繁复杂，然而，细想起来，一共不过三大块：班风建设、班级日常管理、问题学生诊疗。"所以，班风建设是相当重要的一个环节。

二、新班规的"三把火"

俗话说：新官上任三把火。其实，经常燃烧"三把火"的不仅仅是新官，还有新的制度。新的制度在一开始实施时，总是比较顺利的。只是我们的祖先很早就提醒后人："福兮，祸之所倚；祸兮，福之所伏。"班规在顺利执行中，不和谐音程已如春天的小草般发芽了。

5月16日　　星期二　　晴

初见成效

据说，昨天晚上纪律非常好。我很欣慰。看来，学生的确需要严格班规的约束。

课间操结束，思彤问："老师，今天罚不罚跑步？"

我一惊："怎么了？"

"今天前两节课同学们还是说话，睡觉的也很多。"

我毫不犹豫地说："马上集合，绕操场跑3圈。班规制定了当然要执行。"

学生一脸不乐意，拖拉着跑起来。

第四节课，我为学生排练小合唱，结束后留下来6名同学，问："同学们对咱的班规有意见吗？"

学生笑，不知道该怎样回答，她们显然是有意见的。我也笑："是对哪一项有意见？"

格格说："对一个人违反纪律、全班同学受罚有意见。"

我点头："第三节课同学们的上课情绪如何？"

小萌说："没有一个人敢睡觉、说话。一个个都坚持着、支棱着。

英语老师还表扬我们，说今天大家表现最好！"

我兴奋起来："一个同学都没睡吗？大家怎么坚持的？"

丹丹："哎呀！只要有人想睡，同桌马上提醒：'你想让我们都跑步是不是？'于是，她就不好意思了。"

我笑："要的就是这个效果！总比以前大家看别人睡觉，自己无动于衷或也想睡觉好。"

伊梦说："其实这样也挺好！可以让我们班的同学心更齐啊！"

……

下午预备音乐响前，我来到教室里。姑娘们经过午休，一个个更神采奕奕。我开始总结班规实施第一天的情况："我很高兴地看到，咱们的课堂纪律有了进步，同学们相互间更加关心了。比如，看见同桌要睡觉，马上提醒：'别睡！是不是要让我们都去跑步啊？'"

学生哄堂大笑。

我继续说："其实，你不要认为你自己上课睡觉不会影响别人。首先，一些意志不坚强的同学看见别人睡，自己也会睡的。懒惰是人的天性啊！意志坚强的同学看见你睡觉，虽不至于向你学习，但久而久之，漠不关心，熟视无睹，会导致感情麻木、冷漠；其次，同学们说话、睡觉会影响老师的上课情绪。有的同学说：'就是我强忍着不睡觉，也听不进课啊！'我的回答是：'就算你听不成课，这样强忍着，也锻炼了你的意志，你会越来越坚强的。'"

看学生纷纷表示认可，我将话锋一转："但是，好多同学说了：'我上课也不想睡觉啊！可是眼皮直打架，我也没办法。'"学生又笑，我也笑："这就要求我们必须保证午休和晚上睡觉质量。"

我谈起了中午检查午休的情况。

中午一点钟，我准时到寝室看学生午睡情况，小娜手提两个水瓶正要打水，一见我马上缩了回去。我笑道："好啊！也知道现在是睡觉时间，为什么还往外跑？午休后也可以提水的。"

中午，我在 419 寝室睡觉。一个小时的午休时间，电话响了 3 次。看来，我们的班规上应该增加一条：午休时间必须拔掉电话线。周韵和佳佳在一个床上，叽叽咕咕笑了好长时间。我在寝室里尚且如此，如果我不在，她们会怎样呢？说不定会打闹起来。（5 月 16 日）

班干部要求我对同学们严厉些，可是，我还是没有把面孔板起来。既然板不起面孔，就只有严格按照班规惩罚学生了。

不错！就这样一面笑着一面惩罚，但愿学生能越来越出色。

三、有板有眼强后弱

歌曲有"板眼"之说，"板"为强，"眼"为弱。一首动听的乐曲，总是有强有弱、抑扬顿挫。比如舞曲中的四步，第一拍强，第二拍弱；第三拍次强，第四拍又是弱；华尔兹的节奏是"嘭嚓嚓"，即强弱弱。

教育生活也是一首歌，教育的节奏也应该有强有弱。在教学过程中，一味逞强的老师并不明智，很容易激起学生的反感。所以，在学生气势汹汹的时候，老师适当示弱有意想不到的效果。

师生冲突

这是整顿班风第二天，一大早走在上班的路上，我告诉自己：无论出现什么情况，我都不能乱了阵脚，大不了就像刚当班主任的时候一样，摸索着前进，失败也没什么可怕的。同时，回忆着军训时丁教官的严厉举动，想试着向她学一招。

一进教室，就感觉气氛不对。翻看值日班干部对昨天晚自习的记录情况，竟有 8 位同学在自习课上睡觉。

这是明知故犯了。

思彤问我怎么办，我面无表情地说："按班规的规定办！"学生纷纷表示不满："睡觉的是她们，为什么要惩罚我们全班？"

我说："这是班规的规定。班规可不是我一个人制定的。当初，大家也一致通过了。这叫有法可依，有法必依。所以，必须跑，绕篮球场跑 10 圈。"

同学们闷闷地向外走，只听夏沫走过我身边的时候骂了一声："神经病！"我气得眼睛发绿，但忍着不发作。夏沫是本学期才来的插班生，整天什么也不学，没什么心计。我告诉自己：实在是没必要和她计较。

然而，来到篮球场，她竟真的站在一边不跑！我不理她。

跑了 5 圈后，学生意见依然很大，纷纷要求停下来，我说："按班规要跑 10 圈的。"

舞琴恼怒地说："凭什么我们非要跑 10 圈？我不跑了！你们跑吧！"然后她不顾同学们的劝告，擅自离队，向教学楼上跑去。

我急忙喊她回来，但她哪里肯听？我急得一身汗，碰巧年级长刘老师看见，问我情况，我忙说："舞琴，你可以不理我，但刘老师叫你！"

刘老师一听自然明白我的意思，用他特有的男高音喊："你怎么了？回来一下！"舞琴转过身来，已经满脸泪痕。

这孩子就是这么容易冲动，以前常常顶撞班干部，今天竟连我也不放眼里了。

刘老师问情况，舞琴说自己要急着背政治。我哀叹："有多少时间被浪费了，今天执行班规，你倒珍惜起时间来。你可知道，没有严明的纪律，同学们学习效果是不会好的。"

刘老师听我们班规规定，一个同学违反纪律，全班同学受罚，很不理解，也向我说情，让同学们停止跑步回教室去。我说："不行！如果制定好的班规可以不遵守，要这样的班规有何用？"

舞琴其实是无意和我作对的，现在情绪稍微平静下来，便向我道歉："老师，我不是不尊重您！"

我点头："我知道，你是不尊重班规。其实，你可以不尊重我，但必须尊重班规，就像我们必须遵守法律一样。"

言谈间，同学们已经跑完。另有311寝室因莎莎昨天没有午休，要被罚跑5圈，她们要求继续跑（可见她们并不是很累）。我说："现在累了！课间操再跑。"

"不，老师，我们不累，我们要现在跑。"我知道她们怕课间操人多，跑起来丢人，便点头，同时对舞琴说："你和她们一起，补跑剩下的5圈。"

我告别刘老师，和同学们一起向教室走去。刘老师素以严厉著称，估计没有料到今天我何以如此强硬。

同学们陆续坐到凳子上，夏沫才懒散着回来。我把她叫住，缓缓问："你刚才出教室的时候说的是什么话？"

我以为她经过了这么长时间的冷静，又没有跑步，会否认自己骂我。谁知她竟毫不犹豫地、平静地、清脆地回答："我说我感觉你是个神经病！"

我一下子愣了，眼睛里瞬间蓄满了泪水，想要控制，可哪里来得及？我侧一下身子，让披肩发遮住半边脸。然而，同学们却清楚地看到了，马上有人斥责："夏沫你说的什么话？跑跑步，减减肥有什么不好？你看你现在这么胖，还敢穿裙子吗？"（其实夏沫并不是很胖，但大家就这样故意刺激她。）

夏沫不但是插班生，还是走读生，和班里同学并不熟悉，哪里知道大家对我执行班规再有意见，也不会骂我，所以她的话绝对引不起同学们的共鸣。眼见她惶恐起来，我却不能对她的骂人现象置之不理，稳定一下情绪，依然缓缓地问她："我是这样一个神经病老师，你不怕自己跟着我，也变成神经病吗？"

夏沫忽然不知道该怎样回答，愣着不说话。是的！我要的就是这种效果，只用泪眼看着她，良久，她含糊地回答："不会的！"

我不理夏沫，转向同学们："我们的班规既然制定了，就必须执行，不能任意改变。班规有不合理的地方，我们可以在下次班会上完善，但修改之前必须按照班规上规定的做。"

本就是削肩细腰的我，从夏沫身旁低头侧身走过，连自己都觉得可怜。教室里的气氛也明显改变，同学们对我的不满，因夏沫无顾忌的骂而减轻，我的泪水又及时地冲走了大家的怨气，中国人总是同情弱者的。什么时候，我一个班主任竟成了同学们同情的对象了？悲哀啊！

上午第二节课辅导"新月"班学生歌唱二重唱，没有和我们班学生一起做操。第四节课的时候，听说课间操同学们又全部跑了5圈。跑步的原因是菁菁第二节课玩伊梦的水粉调色板，不小心将颜料洒在膝盖上（她穿的是裙子），执意要上厕所，其实是去洗膝盖。虽然两分钟后就下课，但下了课同学很多，她嫌丢人。于是，在同学们一片埋怨声中，课间操一起跑步去。大家似乎已经默认了这一班规。

上课时绝对没有人再睡觉了，只要有一个人想睡，周围的人都会盯着她看，吓也能把她吓醒，何况还有人小声提醒："快！快把她叫醒！"有的同学忍不住的时候干脆站了起来，把数学老师感动得要命，连连说："好！好！你站着也不必不好意思，我不也在陪着你站吗？"早上学生关于跑步减肥的话，使大家对这一班规的不满大大减弱。爱美真正是女孩子的天性啊！据说二班的紫娟昨天在英语课堂上贴了一脸黄瓜片美容，英语老师也拿她没办法。

美容，我倒可以利用一下的，没听说过吗？美人都是睡出来的！我可以这样让学生午休。

中午，12：40 我来到学生寝室，先向 311 寝室走去。今天她们寝室每人跑了 20 圈，是最辛苦的。蓝菲、怡雪和柳儿在。我笑着问蓝菲："今天跑了那么多圈，有什么感受啊？"

蓝菲笑："爽！"

我说："好！这感觉不错！"

蓝菲却忽然诉起苦来："老师啊！中午我实在没瞌睡，为什么非要午休呢？"

我不回答，却问："今天课堂上有人睡觉吗？"

"哪里敢？就算困得要命也不敢睡，几乎是全班同学都在相互监督呢！"

"那以前有人睡觉吗？"

"以前上文化课一般能睡倒一大片！"

"你们为什么那么瞌睡？晚上没有休息好吗？"我很关心地问。

"晚上太激动，一聊天就聊到 11 点了。"

我点头："是啊！你们是睡颠倒了！生物钟彻底紊乱了。中午、晚上该睡觉的时候不睡；白天上课该学习的时候不学习，这怎么行？不行！咱们的生物钟必须调整过来。"

蓝菲苦着脸，竟还没发现掉进了我设的"陷阱"里，说："老师啊！上课不睡觉难受得很，也学不到东西的。"

我说："没关系！今天中午只管好好休息，下午肯定精力充沛。今天晚上睡不着也别说话，明天上课大家继续互相监督。明天晚上保证大家都睡得特香甜。这样不用几天，生物钟就调过来了。到那时，上课的时候想让你睡觉都难。"

蓝菲："好吧！老师，就听您的！"

在 319 寝室，几个学生刻意留我在她们寝室睡觉，还含糊着安慰我："老师，对咱们班有的同学，您别理她那么多！她简直就是不懂事。"

小娜更直爽："夏沫真是不会说话，一说话就掉地上了。"（方言，指说话得罪人。）

我说："放心吧！我不记怪的。"

我躺到床上时却想：夏沫在以前的学校是否就这样出头和老师闹过呢？她这一次骂我，其实是帮了我的忙。要不，学生不会这么快就接受班规的；而菁菁执意在上课时间出去，是否是在以身试法？她其实正在摇摆着，昨天防盗门的钥匙锁到教室里，是她将手伸进去打开的，开了门却花了好长时间才把手缩回来；看见我擦黑板，她也忙着帮忙；但今天她一直和夏沫在一起，她会走到我的对立面吗？我应该抽空给她写封信了。

下午，美术老师说："今天夏沫表现不错啊！很认真地画了两节课！"

我不禁惊喜，她从前上课总是什么也不干的。好吧，我且冷落她一段时间，再争取让她将各科成绩都学好。今天她那样骂我，我的伤心、同学们的生气，对她自然是一种教育，而她认定了我会向她的家长打电话，我却没有，她是否也会有一点感动呢？

下午的自习课，我为学生介绍了《班主任兵法》的作者万玮老师，讲万老师序言里的失败经历和后来的工作方法，最后问："同学们希望不希望有一个这样的班主任？"

学生纷纷回答："希望！""这样的老师好帅啊！"

我点头："如果你们在初中的时候有一个这样严格要求你们的老师就好了！说不定现在你们都在高中呢！"

学生点头，聪明的学生就说："老师，您也变成他那样的吧！"

我说："我不正在学习他的书吗？我想成为他那样的，可是怕同学们习惯了温和，排斥严厉！"

"不会的，老师！您的严厉是为我们好啊！"

我点头，心想，只要她们理解就好。于是我把调整生物钟的话说出来，使大家不至于过分反感现在的班规。

但愿通过这一段时间的严格要求，学生能养成良好的学习习惯。

上午两节课后，接到了舞琴的信，信中说：

尊敬的李老师：

您好！

我为今天早上的事向您道歉。今天由于我的冲动，我第一个破坏了班规，您可以在班会上批评我，我不会说什么的。这是我应该受的惩罚，我不希望我们班再出现这样的人。您这一年来对我的关心，对我的照顾我都看在眼里，记在心里。我只希望老师您不要生气。"五一"放假前我就耽误了几天课，来学校前又耽误了几天课，我真的忙不过来，所以今天我做出了这样的事。李老师，真对不起。

学生：舞琴

5 月 17 日

我不知道舞琴这封信是否是真诚的，但现在我不想和她谈话，一来太忙，我没有时间；二来，现在时机不到，她这封信是否真诚，看她以后的表现就行了。（5 月 17 日）

闲暇时，我常常问自己，我到底是个什么样的教师？可以讲理的时候，我讲理；讲理不行，我用规矩；班规不行，我用感情；感情不行，我继续尝试讲理、用规矩……我这样做很不科学，但往往能成功。也曾经有人批评我是一个没有原则的人，却也有人表示赞同我的做法，认为教育中没有原则反而比有原则要好。没有原则，最多你的教育成效是个零，而很强硬地有原则，其教育效果以负数为多……我比较赞成后一种说法。因为教育是难以用"成功"这个十分功利的字眼去评价的。许多事情，也许从短期效应看是圆满的，从长期效应看却可能很遗憾。

冰冷生硬的规则、制度，若没有感情去软化，很容易碰壁。

泰戈尔曾说：水的载歌载舞，使鹅卵石臻于完美。所以，教育本身就是柔的艺术，是慢的艺术，是"情"的艺术，是有板有眼、强弱交替的艺术，是充满了灵性的艺术，是仅仅用冰冷生硬的制度难以行进的艺术。

四、班主任违纪，与学生同"罚"

生活的导演远远比电影、电视的导演高明。因为我们面对的是活生生的人，是有鲜活生命力的班级。在班风建设中会出现什么情况，很难预料。

所以，我做梦也没有想到，自己会在整顿班风的过程中受罚。

班主任受罚

虽然大多数同学对班规没有意见，但还有少数人在故意捣乱。

早上，我来到班里，看昨天晚自习的班级纪律记录，发现舞琴、阳欣、莎莎、小可等昨天晚上乱窜座位、说笑。我只需稍微归类，便分析出这是班里最有个性的几个人，她们显然是对班规有意见。再略一思索，就知她们的心思。她们在想：既然一个人违反纪律，全班都跑，我何不违反一下，让全班同学每天都受罚，好激起大家的公愤，让老师感觉有班规纪律也不好，而同学们又对受罚深恶痛绝。如此，以后便不会再有这一条。

或者，她们没有想这么多，只是要给老师出难题。

同学们只等我一声令下，便出去跑步。但我略一沉思，将违纪同学的名字念出来，说："今天李老师要违反班规了！刚才念到名字的同学，出去跑步，剩下的同学自习。"

留下一脸惊愕的同学们，我走出了教室。

篮球场上同学们一圈一圈跑着，小可从我面前跑过，看她一头黄发，我想起周一早上仪容仪表检查，小可和另外两个同学的头发不过关，我专门批了假条让她们出去染头发。结果别人都染成了黑头发，唯独小可不染。真不知道她是怎么想的。担心她到下周一还不染发，我干脆拿出来30元钱给思彤，说："等跑步结束，把这30元钱给小可，就说我让她染发用的。"

我回到办公室，10分钟后小可来了。（我拿30元钱给她，目的就是让她主动来找我。）这是一个比较冷的女孩子，什么话也不说，只把钱拿出来还我。我真诚地说："这是我给你花的。上次让你去染头发，你没去，我想你可能是没钱了。"

小可眼光柔和了些："我有钱的，老师。"

我微微一笑："那你没有染头发，肯定有别的原因，现在能告诉我吗？"

小可低着头，良久说："我返校前一天才染过！"

"但两天后检查怎么就不合格呢？"

我知道，原因仅仅是她染的根本就不是黑发，而是彩发，但我不说，继续把钱塞给她。她终于忍不住了，说："老师，我有钱，星期天我就去染成黑头发。"

我点头："小可，其实我一直认为你很有思想，也挺懂事，昨天晚上为什么要不遵守纪律呢？是不是对班规有意见？"

"没有！只是刚才跑步的同学都很不服气。班规规定一个人违反了纪律要惩罚全班同学，为什么这一次只罚我们几个？"

我心中冷笑：她们果然是想自己违纪，惩罚全班，没有一丝顾忌。便说："这次是我违反班规了！一会儿我就到班里道歉，我愿意接受惩罚。"

第一节课将下课时，我来到了教室，英语老师在上课，同学们听得很认真，阳欣、小可、蓝菲站着，可能是怕自己坐下来睡觉（又是这三个，不过有顾忌了）。等英语老师上完课，我才说："今天李老师违反班规了！特来向同学们道歉，并愿意接受惩罚。"

学生很惊讶，不明白我的意思，我说："本来，咱们说好了，违反了纪律，必须按班规的规定办事。但是，昨天晚上有同学说话，我却没有罚全班同学，只罚了违纪的同学，因为我感觉这几个违纪的同学不是控制不住自己违纪的，而是有别的想法。所以我只罚她们。但这样一来，我也违纪了。那么，我愿意接受惩罚，今天下午绕篮球场跑10圈；或者罚款20元。"

学生听明白了，纷纷说："老师不必罚您自己了，我们再陪她们跑一次，您不就不犯规了吗？"

我摇头："不！这样的违规以后我还会有。一旦发现有的同学在钻班规的空子捣乱，我都会违规的，每次违规，我也都会接受惩罚。"

夏沫忽然说："要罚就罚两圈吧！意思一下就行了！老师不必跑那么多的。"看来她是意识到昨天自己的错误，想和我套近乎呢！

我淡淡地说："还是按班规规定来。今天下午第三节课我跑步。"

学生激动起来："老师，我们不让您一个人受罚，我们和您一起跑。"韩悦说着站起来就向外走，说现在就陪我跑步去。

我说："不用了！我也权当是锻炼身体了。跑步有利于健康啊！我今天下午第三节活动课跑步。"

菁菁在下面怪怪地笑，我问："你笑什么？"

她站起来说："老师，您何必这样当真呢？哪一个学生不违反纪律啊！我感觉您没必要罚自己。"

我说："这就是差别！你看看咱们班好多同学从不违反纪律，这几次罚跑的都是少数人，是少数人太散漫了。"我的语气忽然变低沉了："但愿这些同学能在这样的强制下不再懒散。"

回到办公室，我一说要惩罚自己跑步，同屋几个老师一起说："好！我们和你一起受惩罚。"

我笑："不对！我跑步是受罚，你们跑步是锻炼，性质不一样的！但我欢迎你们和我一起跑，只有我自己绕着篮球场跑，很不好意思的。"

谁知她们只是说说而已，真到了下午两节课后，没有一个老师陪我跑。我只好自己跑。跑第一圈时只有我自己，听到教学楼上有学生喊："咱们老师在跑步了！"第二圈的时候已经有二十多名同学加入了跑步队伍，我说："你们何必要跑呢？我惩罚的是自己。你看，就我自己跑，外班的同学也看不见，现在一大群人跑步，倒更引人注目了！"学生笑："我们陪老师跑！"

第三圈的时候，全班同学都加入了进来，大家又不愿超过我，这样一个班主任领着学生在艳阳下跑步，真的成了校园一大奇观。

跑步结束，我说："谢谢大家和我在一起。虽然都是跑步，但我们跑的性质不同。我是在受罚，你们是在表达对老师的关心和支持，所以要谢谢你们。"

学生纷纷答："老师，以后班规规定什么，我们就按班规做，再不会讨价还价了！"

我也点头："不过，咱们的班规确实需要改进，现在咱们先酝酿着怎么改，等下周一班会再仔细研究。"一转身看见夏沫竟然也在，私下里听同学们说，夏沫本来下课后准备回家的，一听说老师在跑步，马上折回来，和大家一起来陪跑。看来，她是真的想通了。我是不是该鼓励一下呢？哎！还是先冷落她吧！

　　回家的路上，我想：昨天是少数同学在故意捣乱，我如按班规惩罚全班，岂不正中她们的下怀？所以，我改变主意，只惩罚她们几个。但如此一来，受罚同学肯定会说不公平。我便承认自己也违反了班规，并接受惩罚，真正是"王子犯法，与庶民同罪"，封住了故意捣乱同学的嘴，同时那些没有被罚的好学生看我如此，怎会不感动？

　　我们的学生啊！其实对老师的认错行为是格外有好感的！（5月18日）

　　为了调整学生已经紊乱了的生物钟，制定"连坐"措施；"连坐"措施在实施中遇到问题，就做调整；调整（属于老师违反班规）让部分学生不满意了，班主任自愿接受惩罚；老师接受了惩罚，全班同学却主动陪罚，用自己的行动表示支持班规，关心老师……这是一个循环，这是一个美丽的圆。很多人为这一波三折，却顺理成章、浑然天成的教育过程好笑，怎知道其中蕴含着多少说不清、道不明的教育现象。说我"感情挂帅"也好，说我"没有原则"也罢，甚至扣上"专制""人治"的帽子，我都难以反驳。但以上教育过程中流淌着的浓浓的爱意，却是任何"帽子"都难以掩盖的；师生在整顿班风的过程中感情更加深厚，也是不争的事实。

　　班主任在几分钟内决定调整"连坐"措施，确实有"专制""人治"的味道，但在那样的情景下，属于不得已而为之；后来，老师一旦意识到调整欠妥，马上承认是自己违反了班规，并甘愿接受惩罚……这一点又体现了民主；学生为老师的受罚感动，源于传统教育里师生的不平等意识；老师坚持受罚，却让学生在民主生活里学习了民主，明白了何为"平等"；学生的陪罚，不但加深了师生感情，还引导了班级舆论……

　　这就是我们的教育，它的过程是如此纷繁复杂，只因为它包含人间最美好、最微妙、最复杂的一个字——情。

五、旗开得胜，取消"连坐"

许多老师对我整顿班风中使用"连坐"表示惊讶，感觉我胆子太大、太冒险。在此，我打一个不太恰当的比喻：任何药物都有副作用。但为了治病，我们要考虑用药是否值得。当初的情景，"连坐"是药物。很多人被连累进去，对我产生不满，是副作用。当病症减轻后，我把"连坐"去掉，副作用也就不存在了。切记，这样的"连坐"制度只能在适当的时候，在短时间内运用。长时间运用"连坐"，绝对会恶化师生关系。

所以，班风稳定后，我们的班规又一次做了调整。

上周执行班规最大的收获是：同学们以前常常在教室里吃饭，现在能在食堂吃早饭了；上课睡觉、说话现象几乎没有了；迟到、旷课现象也基本没有了；最主要的是：学生知道了班规制定后必须执行，没有讨价还价一说。班规面前，人人平等。

昨天修改完善班规，接受了同学们的建议，进展格外顺利。许多条款没做变动，只是把一人迟到，全班罚跑改为罚全寝室跑步（因为她们总是在寝室里磨蹭）；晚自习说话、乱窜座位、旷课等同学，罚自己下蹲50个（我问是不是太重了。学生说女孩子怕发胖，经常在寝室里练习下蹲）。

增加的几条是：班主任一经发现有学生钻班规的空子，可以临时决定改变班规，同时班主任自己受罚跑5圈；学生一周内违纪超过两次，除了班规上的惩罚外，在学校国旗前下蹲50个；放暑假前老师将给每个学生家长写一封信，在信中汇报学生在学校的遵守纪律情况，凡有违反纪律情况的同学，信由班主任亲自寄出去（怕她们不让家长看。学生笑）；对于从现在开始，到学期结束，一次也没有违反纪律的

同学，放假前班主任请她们吃冰激凌，地点设在教室，不准开空调，违纪的同学站在讲台上看。（学生大笑！）（5 月 23 日）

（注：这次整顿班风奠定了我们良好班风的基础，后来虽然还有矛盾、冲突、精彩故事发生，但都是以爱为主旋律，所有同学都能在关键时刻克制自己绝不跟风——尤其是不跟邪风跑。）

2006 年的整顿班风过去已经十几年了，当时的情景却历历在目。在这一次活动中，我的许多做法显然很不成熟，经不起推敲，但最后的结局却是圆满的。我们不能不承认，很多时候，理论和实践、情感与法理，本身就相互依存、相互补充。我在散文《人有些缺点才可爱》中说：前一阵子在一家酒店看见一株葱绿的植物，大家都在议论，它究竟是真花，还是假花。我不假思索地说："不用看了，肯定是假花！否则怎么会开得这么毫无瑕疵？真花多少会有些残枝败叶的。"

是的，真花之所以有生命力，可能就因为它残枝败叶的瑕疵。班主任的带班故事，也是因为一些不足，更加显得丰满精彩；正因为走了一些弯路，才引发了深刻的思考。

在这次整顿班风中，我多次运用了民主决议的做法，虽然稚嫩，却也有一定成效。陶行知说：让我们在民主生活中学习民主。正是这样的尝试，会让学生触摸到真正的民主含义。

第三章

与『小团伙』的相处

——让『小团伙』成为和谐师生关系的催化剂

　　闲谈中，一提到班级"小团伙"，老师们的眉头就禁不住要锁起来——"小团伙"似乎给了人"拉帮结派"的暗示，令人颇不喜欢。其实，班级里存在这种非正式的"民间组织"，实在是再正常不过了。谁敢说自己的班里没有三五个甚至七八个非正式"小团伙"？只是有的班级"小团伙"之间相处和谐，班风较稳定；有的班级"小团伙"之间水火不容，矛盾重重，为班级成长带来了种种障碍而已。

　　教育心理学理论认为，班级是个群体，学生是由两种不同性质的团体组成的，一种是按教育管理的要求组织起来的正式团体——小组，小队；另一种是三三两两自发聚集在一起交往频繁的小团体，心理学理论称之为"非正式团体"或"友伴群"，也就是我们平时所说的"小团伙"。一个班级成立以后，不同爱好、不同追求、不同见解的学生会通过观察，各找各的朋友。如爱好学习的凑在一起沟通知识；老实听话的聚在一起玩耍；自由散漫的凑在一起互相打斗；厌恶学习的凑在一起愁眉苦脸；对老师、对学校管理有逆反抗拒心理的，凑在一起发泄不满；等等。

　　这种"小团伙"的生命力是非常强大的。他们往往也会发生内部矛盾，不过，一旦老师试图拆散他们，不幸又被他们有所觉察，他们自己必定会团结起来，一致对外反抗老师。所以，对这样的"团伙"，聪明的班主任一般不会轻易去干涉，倒可以认真分析一下，班级里的"小团伙"有多少个？每个"团伙"里谁是核心人物？他们的观点是怎样的？对班风建设起什么样的作用？各"团伙"中间关系如何？是互不来往，还是友好相处，或者彼此敌对，等等。然后分析一下，哪些"小团伙"的影响，和教师对班级的影响是一致的，便重点扶持他们，让他们的舆论占上风；哪些"小团伙"的影响，是和教师的工作背道而驰的，便小心提防他们。只要潜在的"小团体"支持教师的工作，教师就得心应手，可以顺利开展工作；如果潜在的"小团体"总是否定教师的意见，教师工作的推动就会步履维艰。所以我们做这些分析是非常有必要的。

一、做"黏合剂"，增强班级凝聚力

一个散漫的班级，绝对算不得优秀的班集体。要让班级具有凝聚力，多数情况下，班主任最好能做班级同学的黏合剂，尽最大努力减少矛盾发生。老师做到这些不容易，因为现在的学生个性太张扬，很多孩子不善于和别人合作，老师要在班里进行宽容教育、爱心教育，谈的道理、举的例子要真实生动，才能打动学生，才能真正起"黏合剂"的作用。

2006 年 5 月 16 日　　　晴

闲谈莫论人非

常言说：三个女人一台戏！50 个女孩子在一起，会有多少台戏呢？

没有当过纯女生班班主任的老师，恐怕无论如何也想象不到那风起云涌的热闹场面。尽管我在班里一遍遍强调"静坐常思己过，闲谈莫论人非"，但那 50 个女孩子在一起，总不免惹出种种是非来，要做到"莫论人非"，何其难！

班里一共有 6 个寝室，有 3 个寝室在闹矛盾，无非是一些鸡毛蒜皮的小事，却因为个性及闲谈，使事件越来越严重。

311 寝室分成了两派，但声称无须老师过问，她们的原话是："老师请放心，一过'五一'长假，肯定能恢复原先的团结、和谐！"

她们的话我相信！因为这个寝室的同学都是心胸宽广、淳朴善良的人，她们无非是因"面子"在赌气。

419 寝室的琴琴和许晴闹了矛盾，琴琴竟跑到 321 寝室住。据说矛盾的起因是：琴琴说许晴主动追求外班一个男生，而琴琴不承认自己说过这样的话，许晴却不依不饶。

312寝室的玲玲和整个寝室都不说话，没有原因。玲玲只是哭着闹着要搬到419寝室住，搞得外寝室的人都知道她和自己寝室的同学闹了矛盾，彼此间隔阂越来越大。

思忖良久，我感觉单独谈话效果未必好，因为很多学生不明白如何才能得到真正的友情。于是，班会课上，我开始了自己的演讲，我强调的依然是同学们"静坐常思己过，闲谈莫论人非"。

我说：谁人背后不说人？谁人背后不被说？所以，对背后的闲话尽可以不必打听和计较。要知道，同学们背后一时兴之所致，谈到了你的过错，或说了对你不利的话，这是人之常情。即使她是你的朋友，偶尔一两次顺口说出来的话，也并不表明她对你有恶意。但是，如果你总去打听，传话的人可能会把事情夸张或歪曲。本来是无意的闲谈，可能就会成为有意的中伤。

我大学毕业来到这里的时候，人地两生。当时学校没有住校生，每天下午一放学，校园里就剩下了我孤零零一个人。美术老师风儿比我早毕业三年，就常来陪我。我们建立了深厚的友情，常常在一起谈笑、逛街、跳舞。但是，毕竟年龄相仿，彼此间免不了有竞争，不愉快就此产生。2003年春天，仅仅因为一件小事，我俩争吵起来，她一生气，把自己的水杯摔碎在地；而我，是最见不得人摔东西的，随着那"砰"的一声，我的心也碎了，泪水汹涌而出；她却跑出办公室找政教主任诉说，据说她当时气得几欲晕倒。

从此，我们虽处一室，鸡犬相闻，却不相往来。

后来，组长曾试图为我们和解，说："回想当初你们在学校同出同进，还真是一道亮丽的风景。现在却一个个落单了！"我说："虽然我们不说话，但我还是很欣赏她，只是感觉无话可说而已，'君子之交淡如水'，何必勉强呢？我们并不仇视对方，就这样不也挺好吗？"事实上，我们从没有在背后说过对方一句坏话，也从没在学生面前表现过对对方的不满，我倒是常说："美术老师很负责的，备课上课极认真，大家跟她好好学，一定会有很大收获！"而她在背后也常常赞美我。

去年夏天，学校决定让我们分别当两个幼师班的班主任。我当时想，每一届幼师专业只要有两个班，都会因竞争产生矛盾。如果两个班主任有隔阂，矛盾就更不易解决。所以，在迎接新生的那一天，我们很自然地开始相互打招呼、商量问题，就像从没发生过矛盾一样谈笑风生，直让领导目瞪口呆，笑道："我这里还慌着想让你们和好呢！一转脸，你们两个已经玩得挺好了。这样的事，也只有在你俩身上才能发生。"

最后我对学生说：很多人都认为，已有的伤痕即使愈合，也会留有伤疤。但是，为什么我和风儿老师的友谊恢复得如此了无痕迹？

因为，我们从不肯在别人面前诉说自己的委屈，或对方的不好。即使在矛盾冲突最厉害的时候，我们也很在乎对方的感受。所以，如果你喜欢你的朋友，如果你在为失去朋友而伤心，就不要轻易对别人诉说自己的委屈和自己对朋友的不满，因为那委屈、那不满，很容易传到朋友耳朵里，并和你的原意大相径庭。如果你听到朋友在说不利于你的话，在传话人面前，也应该替她辩护一下或洗白一下才对。因为这是换得朋友对你信任及杜绝闲话的好办法。

咱们班常有人说话方面不饶人，你损我一句，我必定报复你三句，认为这是精神上莫大的胜利。可是事实上，我们知道，无论争执的事是大是小，无论自己是胜是败，心里总不会舒服，精神上总难免受损害。为一些小事争强好胜的结果，必定会把无意变为有意，把小事变为大事，以后就更难和平相处了。很多时候，当你树立起一个敌人的时候，你所得到的将不只是十个敌人，你在精神上所感受的威胁将十倍、百倍于她实际上给你的威胁；而当你用友情感动了一个敌人，使她成为你的朋友的时候，你所得到的也将不只是十个朋友，你在精神上所感受的欢乐和轻快将十倍、百倍于她实际上给你的。而事实上，咱们班根本就没有什么心底特别坏的人，大家的矛盾也不是什么原则性问题。所以，我要求同学们闲谈莫论人非。特别是正在和朋友闹矛盾的同学，万不可再向她人诉说对方的不足，多想一想自己的过错，好吗？那些没有闹矛盾的局外同学，更不要轻易向别人传话，我们知道，语言总是越传越走样，越传越复杂的。真等到有一天，人家闹矛盾的同学和好了，你在中间算什么？

在这一篇日记里，我对学生诉说了自己和同事闹矛盾的故事，一下子就拉近了自己和学生的心理距离，她们感觉到我的话，字字句句都很实在，很真诚，是站在她们的立场上考虑问题。

二、做"旁观者"，对"小团伙"成员的矛盾做暗中指点

一般情况下，我们了解了学生"团伙"的构成后，要小心观察，精心引导，别让她们和班级积极向上的风气作对，就可以了。当"小团伙"成员闹了矛盾，老师在课堂上集体指点一下是可以的，最好不要过多、过细干涉。孩子们的气，多是鸡毛蒜皮的小别扭，坚持不了多长时间，也分不清你是我非。如果老师冒冒失失插一竿子，人家孩子一转脸和好了，我们在中间算什么？但是，当学生找老师求助时，我们也不能置之不理，可以在暗中指点。

酸甜苦辣"三人帮"

这是三个活泼可爱的姑娘，不但来自同一个村子，连相貌、韵味都格外相似，平时又形影不离。因此，私下里我常想，她们是小小"三人帮"。

"三人帮"里的蓝菲最为任性。新生入校第一天，她一脸灿烂来报

到，挤到我身边亲昵地说："老师，您以后多照应我啊！"

我含笑深深看她一眼，点头，打量着她小巧的身材，精致的五官，想："我自然会多'照应'你的。"

同事风儿却感叹："这个女孩子可算得一个'小人精'！你要费心了！"

两个小时后，我便领教了她的任性。莎莎和菲儿来报到，三个人强烈要求分到一个寝室，一直在我身边软磨硬泡，颇有不分到一个寝室就退学的势头。

于是，我投降。为了使女孩子间少发生战争，让莎莎当了寝室长——我知道如果让别人当寝室长，蓝菲必不听话，而莎莎和菲儿为了朋友会两肋插刀，那时寝室工作更不好做。

但也恰恰因为莎莎做了寝室长，待人接物稳重老成了许多，学会了从全局出发看问题，这小小"三人帮"里酸甜苦辣的故事，便也不断上演了。

蓝菲俏丽可爱，却少有男生向她献殷勤——她太能说了，常常一句话把人噎得喘不过气来。平时和同学交往也口无遮拦，个子小、脾气大，看谁不顺眼都会没心没肺地批评。而且她所谓的"不顺眼"有时候是很没有道理的。不过，发生矛盾最多的，还在这小小"三人帮"内部。每次闹矛盾，她们都会痛哭流泪，面容憔悴，菲儿和莎莎对我并不隐瞒自己的情绪，但似乎只是为了倾诉苦恼而来，每次诉说完都不忘嘱托我："老师，这件事您别插手，我们自己会处理好的。"

我便不插手，几天后果真又见她们形影不离了。

昨日晚自习时间，菲儿的电话打到了我家，只听她那边哭得上气不接下气："老师，我头疼得厉害，实在上不成晚自习了！"

我敏感地问："怎么了？是和谁闹矛盾了吗？"

那边哭得更厉害："是！老师，您猜出来了！是蓝菲，她太任性了！但是明天您不要直接问她。我们的事还要老师您出主意呢！"

我一阵惊喜：小小"三人帮"以前从不让我干涉她们的事，难得今天如此信任我，便满口答应。

然而，今天菲儿和莎莎见了我，却还是对她们的具体矛盾闭口不谈，只问我如何应对蓝菲的任性。

我说："在她蛮不讲理任性的时候，你们万不可轻易退步、忍让，就那样冷淡她，让她自己去想自己的错误。"

莎莎："不行啊！老师，以前我们闹矛盾无论是否是我们的错，都是我们先和她说话的，大家都是朋友嘛！"

我笑："'大家都是朋友，何必在生气时非要争个你是我非？'这是我以前告诉你们的话，那是希望女孩子在一起交往心胸开阔一点。可是现在的情景，你们的宽容助长了蓝菲的任性，所以，就必须要坚持自己的立场了。"

菲儿："老师，如果我们不搭理她，她也不会软下来。她会去找别的同学玩耍。"

我点头，转而感叹："你们三个人的友情真的很深、很纯、很难得！在咱们班，像你们这样纯洁深厚的友谊不多。"

莎莎："是啊！所以我们很在乎彼此。"

我便笑："因此，在你们闹矛盾的时候，尽管她也和别人玩耍，但任何同学都不能给蓝菲带来你们和她在一起的感觉。你们相信吗？"

菲儿和莎莎点头，我说："所以，在她任性的时候不要轻易迁就她。她既然很在乎你们，就让她在被冷落中反思自己的错误。万不可在她还没有认识到自己缺点的时候，就主动和好，这样不但不利于蓝菲的成长，只怕她的脾气不改，你们的友谊也难以天长地久，将来她更难有知心朋友。"

看菲儿和莎莎满意而去，我在思索着自己的做法是否正确。蓝菲确实是太任性了，有时候对比她个子高半头的柳怡和秋丽呼三喝四，上学期她们寝室的同学就开始对她不满，但因为她是"三人帮"中的一员，大家都不轻易和她计较。如今，连菲儿和莎莎都忍受不了了，我如不趁此机会让她认识到任性带来的苦果——被人冷落，她怎会进步？而我所说的一席话，即使最后传到蓝菲耳朵里，她也不会感觉到老师在"隔岸观火"。

三、卖个"人情"，让"小团伙"成员成为班主任的助手

班级三三两两的"小团伙"只要不和班级积极向上的班风背道而驰，老师尽可以任他们发展下去，甚至在必要时，让他们的友谊也成为教师的教学资源。比如，当学生违纪的时候，我们可以动一番脑子，卖个人情，让"小团伙"的其他成员，成为班主任的助手。

请看以下日记，还是前文提到的"三人帮"里的故事：

卖"人情"

春寒料峭，一如我的心情。

昨天因为学生旷课，几乎不曾发脾气的我开了戒，满心指望这一次发火会使学生的纪律性加强一些。然而，我错了！晚自习我到班里清点人数，发现少了蓝菲、莎莎、菲儿三个。询问后知道，莎莎和菲儿去琴房弹琴，蓝菲却不知到哪儿去了。

我到琴房去检查，莎莎和菲儿根本就不在。回到教室里，我眉头紧锁、一筹莫展：她们竟如此无视班级纪律，将来走上工作岗位，也能这么自由吗？

见我气得厉害，同学们才断断续续讲清了内因。

据说，蓝菲和莎莎、菲儿闹了矛盾，蓝菲一气之下，跑到了校门外。莎莎和菲儿担心她，便向班长菁菁请假去找，直到晚自习第一节即将下课还没到。

我无言！

我再次认清了：我的学生在利用一切机会为违反纪律的同学开脱，除非我能慧眼辨别她们言语的破绽，否则，老师被欺骗便是家常便饭。

我紧张地思索着：我该怎么办？上午我才说过，如果有谁再旷课，我将告诉其家长。我是否应该告诉家长呢？天这么晚了，家长知道了会不会担心？但如果我不告诉家长，同学们出事了怎么办？她们会更加肆无忌惮地违反纪律，从此以后我的话便如同一阵风。

于是，缓缓地，我对学生说："我这就通知蓝菲的家长，说她现在不在学校，旷课了。"

教室里响起一片不满的"嘘"声。

第二天早读时，我把这三名同学叫出了教室。

菲儿和莎莎连连向我道歉，蓝菲却低着头不作声。这种场面完全在我的意料之中。

昨天走出教室，我思忖良久，决定只给蓝菲的妈妈打电话，一来任性旷课的是蓝菲，我倒很欣赏菲儿和莎莎的重情义；二来，我相信她们三个不会出什么意外，告诉蓝菲的家长是因为我有话在先，万不得已。而另两个的家长，就不必让他们担心了；第三，也是最重要的一个原因：我不通知菲儿和莎莎的家长，她俩肯定会感激我，当蓝菲要诉说对我的不满时，她们会替我说句公道话。

真不知从何时起，我竟如此会用心计了。

我很温和地问她们昨天的事，很真诚地批评蓝菲："人在情绪不好的时候，神思恍惚，很容易出差错的，害得关心你的人也惊慌失措！

以后生了气，再别向外跑了，好吗？"

蓝菲点头。

菲儿主动说："老师，我们违反了纪律，您该怎么惩罚，便怎么惩罚吧，我们都接受的。"

我却不打算惩罚她们，姑且让她俩欠着我这份"人情"，目的还是那一个——当别的同学和蓝菲对我通知家长不满时，作为当事人的她们，好替我说句公道话。其实，我这样做实在算不得科学的民主管理，但我们班目前尚没有班规，也只有如此行事了。

最后蓝菲迟疑着对我说："老师，我求您一件事。以后，我再有什么违纪的事，您别通知我家长了。"

我深深看着她，叹息着说："我想，我通知不通知你的家长，关键不在我，而在你。如果你昨天不旷课，我会通知你的家长吗？"

蓝菲："我以后不会再违反纪律了。"

"是啊！如果你表现很好，就算我通知你的家长，我也只会说你的好话啊！你怕什么！"

特别提出的是：这种做法是在班级尚没有班规的时候，灵活运用的。一旦班规制定出来，便必须按照班规做。但我们可以从这个案例中得到启发：平时如何让学生替自己说话，成为老师的帮手。

四、巧用"离间计"，粉碎捣乱的"友伴群"

我们希望在班级里营造一个宽容的环境，供学生成长；我们祝愿每个同学都有自己的朋友，幸福快乐。但是，生活往往不尽如人意，在现实教学里，总有一部分学生，有的投机取巧，有的奢侈虚荣，有的挑战逆反，有的散漫粗野。这些孩子新到一个班级，总希望能成为名正言顺的"老大"，他们会拉拢鼓动一部分同学，排挤打击妨碍他的同学。甚至在时机成熟后，借用种种办法威胁老师按照自己的愿望走，否则，就搞破坏，让老师无法上课。

对这样的"小团伙"，老师必须想办法拆散他们。但我们要拆散得有智慧些，贸然拆散，只能将事情搞砸。

"二桃杀三士"

（一）

我没有想到，艺术节的报名时间会这么早。本来打算从容选择小合唱的人选，现在一切计划都被打乱了！

为了及时报名，前天，我匆匆在自己所带的两个平行班里选了 12 名同学。

也许因为我是一班班主任的缘故，也许因为我们班的同学本来就比二班同学的乐感好，总之，我们班唱得好的人很多，二班却只有两个唱得不错。但是，为了避免两班的矛盾，为了避免二班的同学说我偏心，我在每个班各选 6 名同学。

然而，即使如此，二班的学生也深感不满。

早会时间，我正在自己班为学生读文章——这一段时间我经常找一些富有哲理的文章读给学生听——二班的班长周倩来敲门："老师，出来一下，问您个事！"

阅读忽然被打断，我有些不快，但还是走出教室，很和蔼地问："什么事？"

周倩问："昨天我们班的合唱队员选定了吗？是谁？不会就两个人吧！"

我笑道："每个班 6 个！名单在你们班主任桌子上。我记不住都是谁了！"

我回到教室继续读，片刻工夫又被敲门声打断，二班的雪云伸个脑袋喊："老师，你出来一下！问你个问题！"

我走出教室问："急事吗？我这里正和学生说事呢！"

雪云："你在班里说什么事啊!？一会儿再说你班的事，我问的还是合唱队员的事情。"

我更加不快：这样的学生也太以自我为中心了，从不想别人是否方便。但我依然选择忍耐，和气地说："等我给学生读完文章，咱们再谈，好吗？"

文章终于读完了，我一走出教室，就被二班的五六个学生截住，一个个气呼呼地质问："老师，为什么合唱名单里没有扬扬和雪云？"

我答："因为扬扬的嗓子太哑了，而雪云跑调太厉害。"

"扬扬嗓子哑可以恢复的，还有一个月才比赛！"

我说："但这一个月我们每天都要练声啊！我怕她的嗓子休息不好更难治愈。"

学生继续咄咄逼人地说："那雪云呢？为什么雪云没上？为什么唱得好的没选上，唱得不好的倒选上了？"

我暗暗着急——我真是不想和她们生气，毕竟两个班存在竞争，我只怕自己这里一生气，两个班级的矛盾产生。但她们依然一迭声质问"为什么"，我想要解释也插不上话。于是，冷冷地说："我这样做，自有我的道理！你们这样质问，是解决不了什么问题的。"然后，转身离去。

身后有学生说："咱们班干脆不参加合唱比赛算了！"

我知道这是她们的气话，便不理。

如果是以前，我肯定会耐心解释为什么，但现在我不想说，一来她们不给我说话的机会，二来我想让她们知道，如此无理取闹，对解决问题没有一点用处。

是的，我已经明白：我们做教师的不能剥夺学生痛的权利，当她们做错事的时候，我就是要让她们有痛的感觉。

我虽不是二班的班主任，但也很了解她们班的事情。周倩、雪云、小敏、张静在班里已经结成"小团伙"，常常和任课老师发生冲突。她们之所以一直没有在我的课堂上捣乱，除了本身喜欢音乐外，主要原因是我一直对她们课堂上的表现，既严格要求，又不正面交锋。但今天，她们做得太过分了，竟三番五次打扰我们班的早会，实在不懂规矩。她们的样子是想找我争吵的，我偏不接招。

上午两节课后，政治老师、数学老师和英语老师直接找到教务处，说二班的课实在没办法上，周倩等同学常常大闹课堂，让老师一筹莫展。

我不禁又暗吸一口凉气：难道，周倩她们把对我的气，撒在了英语老师和数学老师的身上？今天前两节是英语和数学课啊！我不希望二班的学生和任课老师闹僵——虽然我不是她们的班主任。而且，我也确实担心周倩等人以后也会扰乱我的音乐课。

于是，我一边找教务处、英语老师等解释二班学生的情绪激动的原因，一边紧张思索着，我该怎样做，才能让这个"小团伙"解散！

（二）

今天有二班的声乐课，我要利用半节课的时间给她们解释我选合唱队员的理由，我要告诉学生如何为人处世，如何快乐一生，如何才能有效地解决问题。平日里怕耽误学生练声，我没有经常和这个班的学生说大道理。

我首先讲了一个故事：

从前，张生和李生要进京赶考，被一条大河阻挡。于是两人分头找船去。

李生向东，逢人就问："哪里有船？"

答："此处无船，但村子里有造船人。"

李生找到造船人问："造船要多少钱?"

答："三十纹银钱!"

李生没有这么多钱，便到一财主家做家教，一个月后，拿着挣到的三十纹银钱去找造船人，船造好后，过了河，却发现河对面是沼泽地，根本无法到达京城。不得不返回重新找路。

而张生向西，见人便问："我要到京城去，该怎样找船过河?"

答："这里没有船，你到京城去，最好不要从这里过河，因为河对面是沼泽地。你不如顺着河向西，再过十多里，河上有桥，你自可过去!"

于是，张生很顺利过河到达了京城，而李生到达京城时，已经耽误了考试的日子。

学生听得很认真，讲完故事我问："按说，张生和李生一样积极、一样勤奋、一样爱动脑子。但为什么李生耽误了赶考，而张生却很顺利?"

学生很茫然地摇头。

我说："我们不妨看看李生和张生的问话有什么不同。张生问的是：'我要到京城，怎样找船过河。'把自己的目的说得很清楚，别人的解答便也很有价值；而李生呢? 问的却是如何找船，并不说找船的真正目的，别人的回答也便仅仅局限在找船上。但是，找船并不是目的，他的目的是进京赶考啊。其实，我们生活中也常常会有这样的事情发生。很多时候我们也在很积极地追求，但有的人成功了，有的人却像李生一样，很不顺利。"

学生很投入地听着，我稍微停顿一下，继续说："比如我们这次选合唱队员，咱们班很多同学有疑义，昨天将我堵截在走廊上，一迭声地问'为什么没有某某? 为什么唱得好的没选上。'语气和问话方式，都不是以解决问题为目的，这样的问话很容易引起争吵。所以，我拒绝回答。事后，我也的确明白了，这些质问我的同学，是误认为我是一班的班主任，在偏向一班。你们所要知道的，是'是否我在偏向一班'，就像张生和李生的目的仅仅是要到达京城一样。其实大家不必在别的问题上纠缠，现在我可以回答同学们的问题：这个合唱是我排练的节目，将来要到市里参加竞赛的，如果大家表演得好，也是我的成绩，所以，我不可能故意让唱得不好的同学参加，而把唱得好的同学刷下来。歌唱，本身就是个说不清、道不明的东西。同学们的水平，也实在难分高下。所以，我选合唱队员不可能有十分明确的尺度，但请大家一定要相信，我没有理由偏向哪一个班级。"

看同学们接受了我的解释，我开始思索着如何惩罚周倩等同学的无礼。我沉思一下，说："现在，既然大家一致认为扬扬唱得不错，那么，我就尊重大家的意见，让扬扬参加。但这样一来，就必须在原先选中的 6 名同学中刷掉一个。"我又把话停了一下，昨天对我质问最多、态度最恶劣而又在合唱队里的是周倩和艳艳。艳艳乐感好，我便把眼光投向水平一般的周倩，笑着，很轻松地说："这样，周倩就必须被刷掉了！"

周倩的脸腾地一下子红了。

不错！这正是我要的结果，谁让她那么无礼地质问老师呢？我早知道这个班的女孩子不好招惹，动辄和任课老师吵架。其实，真正的"小团伙"骨干也就周倩、雪云、小敏、扬扬几个。今天，我要让"小团伙"的领头同学周倩痛到骨头里，我要瓦解她们的势力。她们昨天找我闹事，主要是为了把扬扬拉进来，把小梦或秋花刷掉。我不会让她们得逞。所以，我就将周倩刷下来，而让扬扬进合唱队。

周倩做梦也没想到自己会被刷下来！从我宣布决定开始，就趴到桌子上不起来。

我不理，只管上自己的课。艳艳一看我这样的决定，知道再捣乱自己也可能被刷掉，便很认真地歌唱。雪云和小敏是没心计的人，听我说的话有道理，也很认真地上课。

而扬扬却坐不住了。很显然，她也没想到会有这样的结果——把周倩刷掉而换上自己。后面的课，她几乎没动口，只是东张西望。我可以不理周倩，但扬扬是要参加比赛的，怎能有这样的学习态度？便一遍遍提醒她，但她是铁了心地不开口。

我理解，她是感觉如果自己真的进了合唱队，便对不起周倩。但理解归理解，我还是要让她知道，有些事——比如不尊敬师长的事是不能做的，结成"团伙"大闹课堂更行不通。在快下课时，我很温和地问扬扬："你到底愿意不愿意参加合唱队？如果你一直是这样的学习态度，我就不得不考虑换人了。"

扬扬失落地说："如果你想换就换吧！"

我说："好！你既然这样说，那我就决定了！咱们班的合唱队员，周倩和扬扬都不参加，雪云加进来。当然，如果雪云也不愿意参加的话，我还可以找别的同学进来。"

我离开了教室。我想让周倩和扬扬明白一个道理：这个地球离了谁，都照样能转。

还没有下楼，雪云就跑了过来："老师，我愿意参加合唱队，这是我的照片！"

我笑着向她点头。无论怎样，在我的音乐课上，这个"小团伙"被我成功瓦解了。想一想，自己还真的有些"阴险"。

以上文字，是一个成功解答所谓的"偏心"问题和成功瓦解班级"小团伙"的案例。

在矛盾发生的第一天，"小团伙"里的学生因为没有全部选自己的成员而气势汹汹找我质问，情绪激动时很容易引起争吵、激化师生矛盾，因此我采用了"走'弓背'不走'弓弦'"的迂回曲折的回避法。第二天，学生情绪稳定下来后，我才开始接招，却不急于回答她们的质疑，而是通过故事告诉她们解决问题的正确方式，让她们感受到老师的真诚，班级的大多数同学都能认可这合情合理的答复，我在这个班级的群众基础便加强了。

接下来是瓦解"小团伙"。

我满足她们的要求，让扬扬参加合唱团，却将"团伙"头领之一周倩刷下来。当扬扬不肯参加时，我便让她们的"团伙"成员之一雪云进来。这样的"小团伙"本来就是自发的，并不是正规组织，只是班级"友伴群"的一种。如此一来，"团伙"成员便各有了自己的想法：周倩认为自己辛苦为扬扬、雪云争，最后却被刷下来，自是不痛快；扬扬本来很想参加合唱团，却为了周倩拒绝了老师的邀请，不料雪云顶替了自己。她们三个心里最是不舒坦，而艳艳眼看周倩被刷掉，怎肯再和我捣乱？如此"小团伙"自然解散，呈现"树倒猢狲散"的景象。

这个案例有"二桃杀三士"的"阴险"，"小团伙"被瓦解了，我的内心却也忐忑，只担心在学生成长中起坏的影响。我再次强调，这是老师在面对"小团伙"捣乱时，迫不得已的做法，就如同一个人在患重病后，不得不用激素一样。病情固然可以用激素稳定下来，副作用却也不容忽视。

所以，在她们毕业后，我又专门找这几个人谈心，告诉她们，老师当时无意拆散她们，只是不希望她们大闹课堂……这样可以尽我们最大的努力，让副作用减少到最小。

第四章

『野蛮女生』转化记

——如何和女生建立良好的关系

据说，女人是水做的。

水做的女人自然应当如水一般清澈温柔、善良可人、善利万物而不争。但是，水做的女人到了现代，越来越多地表现出火辣辣的一面，尤其是正值青春期的独生子女，一个班总要有几个"假小子"，性格风风火火、毛毛糙糙，说话大大咧咧、咋咋呼呼，做事没有章法、不讲规矩，与人交往没有那么多忌讳，三教九流、五湖四海，只要脾气对路、性格结缘，都与之来往，这也正是她们豪爽的一面。豪爽当然是好事，性格豪爽的孩子没有那么多花花肠子、弯弯绕绕，不用和她们拐弯抹角、费尽心机，但她们常常豪爽到把勤俭持家、精打细算的美德也丢掉，把女性优雅、含蓄、细腻、温柔的美德也抛弃，就大大地不妙了。最要命的是她们咋呼泼辣、脾气挺大、说话挺冲、手脚挺快，一不留神就大打出手……

有的老师看到这里不免疑惑：我只听说过女孩子吵架闹矛盾的，她们竟然也打架吗？她们是女孩子啊！

是啊！她们是女孩子啊！初为人师时我也不相信女生会打架，但如今带了几次女生班后，遇到了好几起女生打架事件。不信您到中学的孩子里调查一下，便知女生打架是多么普遍。而且，随着时代的发展，打架的野蛮女生似乎是越来越多了。只是她们打架的原因各有不同，我们做班主任的，若不能认真分析、思索"战争"的原理，掌握平息"战争"的方法，教学生活必然会狼烟四起、怨声载道。除非老师不闻不问，是"甩手掌柜"，否则就不免沦落到"灭火器"的地步——东边着火扑东边，西边着火扑西边，手忙脚乱、筋疲力尽，最终自己也顺理成章成了火源。

如今，越来越多的校园霸凌事件发生在女生中，我们很有必要平心静气分析一下辣妹子"辣"的原因。

多年的班主任工作，使我认识到女孩子打架，大致有以下几类：

一、恐惧，缺乏安全感

这样的孩子以前受过欺负，或经常受欺负，于是一进新学校的校门，就想在新环境里改变地位和形象，想预先出击，告诉新同学"我不是好欺负"的。这类女孩子有个性，但不是"打架"高手，只是以前的生活经验告诉她们"人善被人欺，马善被人骑"，她们便如同小刺猬一样，竖起根根长刺，作攻击别人状。事实上，她们仅仅想以攻为守，保护自己。对这样的孩子，我们只要给她们安全感，告诉她们与人相处的正确方法，让她们知道班主任不可能允许个别同学在班里"称王称霸"就行了。

下面的"杏儿"就是一例。

2005 年 9 月 1 日　　晴

杏　儿

开学两周了，班里又来了个叫杏儿的新生，笑起来露两颗小虎牙，一望而知她的聪明伶俐。但是，当我让她写下自己的籍贯时，她竟然连自己所在的镇——小郭镇的"郭"都不会写，自己上小学时的老师、同学也一个都不记得了。她的父母开了一个酒店，酒店的名字她也不知道。看她的样子挺机灵，怎么会这样呢？

中午，杏儿寝室的舞琴和玲玲就来对我说，杏儿和佳佳半小时前差点打起来。

原来，杏儿一到寝室，就指着一个下铺说："我要睡这个下铺，我不睡上铺。"

同学们比她先来，哪里会答应？最后寝室长舞琴说："其实上铺挺干净，我不也睡上铺吗？现在没有下铺了，你就先这样住吧！"杏儿十分不满，但也没说什么，一会儿指着最方便的一个壁橱说："既然我睡的是上铺，这个壁橱就应该给我用。”玲玲忙说：“杏儿，如果你觉得剩下的空壁橱使用不方便，可以把常用的东西放在我壁橱里，咱俩合用一个。”“不，我不和你合用，万一我的东西丢了怎么办？我就要这一个。”

同学们都很生气，没有人搭理她。

我听到这儿也有些气恼，问舞琴：“后来怎样？”

“她又指着最方便的壁橱问：‘这里面是谁的东西？’佳佳慢吞吞地从床上站起来说：‘是我的！’杏儿说：‘把它腾出来！我可不是好欺负的。’还捋了捋袖子，佳佳看着她捋起的袖子，冷冷地说：‘你不是好欺负的！你看看咱们班谁是好欺负的？’”

听到这儿，我忍不住拍案叫绝：“好！回答得好！有个性！”我一直都知道佳佳脾气也不太好，有时上课还违反纪律，据说她有个性、有脾气，但很讲理。这一段时间她进步很大，上课也不经常上厕所了，也不小声说话了，我正想表扬她呢！今天杏儿和她较量，真是遇到了对手。

舞琴和玲玲一听，长舒了一口气：“老师，我们只担心您不信我们的话，批评我们不照顾新同学呢！我们寝室的人都说不想让她在我们寝室住，您不知道她说话多难听！多伤人！要不是我们拦住，佳佳和杏儿真的就打起来了。她们当时已经扭到一起了。”

我说：“让她到外寝室住，那怎么行？她年龄还小，让我们一起帮助她克服这个毛病，让她明白所谓的霸道，在这里是行不通的。至于说话难听，也不是她一个人有这样的毛病，你没发现咱们班好多同学说话都很伤人吗？如果杏儿再有不合理要求，你们依然不要让步。但再不要提让她到外寝室住的事。”

在内心里，我已经有了帮助杏儿的主意。

杏儿本是个聪明机灵的孩子。据我分析，她以前的生活环境可能是谁霸道谁沾光，这样她才有了"人善被人欺"的观念。但她在以前的环境里也属于被欺负行列，所以她无心学习，甚至记不得——或者不愿记得小学的同学、老师。来到新的环境，她分明是一副文静可爱的模样，却恶狠狠声称"自己不是好欺负"的，想在新环境里树立自己的新形象。她的确有很多不正确的思想，但还没有讨厌到想让人把她驱逐出寝室的地步。

谁说我待学生只是温柔体贴呢？且看我如何为杏儿"看病疗伤"。

下午放学前，我到教室里讲了一个故事：有一个脾气很坏的人，说话总是伤害别人，他周围的人几乎都被他伤害过。有一次，他决心改正自己的毛病，就去找心理医生。心理医生给了他一块画满了方格的木板和一大捧钉子，告诉他，每发一次脾气，就向木板上的方格里钉一颗钉子。

第一天，这个人钉了 10 颗钉子；第二天，他努力控制自己不发脾气，向木板上钉了 7 颗钉子；这样，他每天控制自己，在木板上钉的钉子越来越少。终于有一天，他将木板上的方格钉满了。他带着木板去找心理医生，医生说："你做得很好。从今天起，你继续努力控制自己发脾气，每成功地控制一次，就从木板的方格里拔出一颗钉子。"

第一天，他只从木板上拔出 3 颗钉子；第二天他拔出了 5 颗。接下来，他每天拔出的钉子越来越多，当他把钉子全部拔出来的时候，他基本能很好地控制自己了。他高兴地来到心理医生面前说："您教给我的方法实在太好了！现在我很少发脾气。"

医生指着满是小洞的木板对他说："看见这些小洞了吗？你每次向别人发火，其实就是向人家的心上扎一颗钉子。就算你后来向人家认了错、道了歉，也只是把钉子拔了出来，你对人家的伤害依然存在，就像木板上的洞一样，这是心灵之洞啊！它是很难弥补的。"

最后，我说："同学们，和人交往的时候要注意说话方式。不要说你心直口快，是刀子嘴、豆腐心，刀子嘴也是刀子啊！是刀子就会伤人的。无论你的心多么软、多么善，只要无故让人伤心了就不应该。"

如果说我上面的话发自肺腑，只是劝导，我下面的话就改变了语气，变得义正词严："我还想在咱们班强调一点：有的同学在初中的学习生活中养成了动辄骂人，甚至打架的坏习惯，来到咱们班还想继续。我劝这些同学趁早收起你的念头、改正你的毛病。是的，你不是好欺负的！你看看咱们班谁是好欺负的？我们传统的教育中，老师一般教导学生不要对侵犯行为做出反抗，所谓'打不还手，骂不还口'，此为君子风范。但今天我告诉你们，如果我们班有人打你的右脸，你千万不要把左脸伸过去。你应该做的是：把自己的拳头紧紧握起来，朝他的左脸打过去。因为软弱、容忍有时候是培养霸权主义的温床。敌人打来了，我们还不反抗吗？不，就是要打，无论输赢，你反抗了，他就知道你不是好欺负的，他以后就不敢'有恃无恐'，他再欺负别人时就会考虑一下值不值，会不会给自己带来麻烦。总之，在这里我绝对不允许以大欺小、恃强凌弱的事情发生！"

可以说，我后面几句话是非常严厉的，针对性也很强。下课后，我把杏儿叫到了办公室。

杏儿当然知道课堂上我批评的是她，但我却不再提课堂上的事，只是关心地问她入学后生活是否习惯，想家了吗？认识了多少新朋友，在寝室里是否愉快。杏儿本是以一副桀骜不驯的面孔和我一起走进办公室的，我也知道单凭课堂上的说教根本不能使她服气。杏儿在寝室里和同学的冲突中并没有占上风，佳佳对她说的话不好听，在班里我的批评也严厉了些。她没想到我现在会如此亲切，听着我真诚的问候，像见了亲人一般，泪水止不住地往下流。

我心中又一次感叹，她毕竟是个孩子啊！

拉着她的手，我眼睛里满是同情和爱怜。

良久，杏儿抬起泪眼："老师，我想换寝室。"

我柔和地拒绝："不行！你这样的说话、处世方式，到哪个寝室都不行的。如果你周围的同学都不说你好，如果你身边没有一个朋友，那就说明是你错了，不是这个世界的错。"

"老师，让我换一个寝室，让我从头做起，好吗？"

"不，你这是逃避！杏儿，你刚来到这个学校，就遇到了这样的事，我知道你的心里充满了挫败感。但是，你现在最需要的就是获得你自己的认可，你必须从哪儿跌倒从哪儿爬起来。今天回去先给寝室同学道个歉，就说自己说话语气、方式不对，请大家原谅。"

杏儿为难地说："老师，我……"

"杏儿，你不想做个举止优雅、彬彬有礼的女孩子吗？"

"想！"

"那你就必须道歉！你要明白什么是光彩的，什么是不光彩的。承认自己的错误不丢人，无理取闹才丢人！你再看看，咱班同学以前脾气果真就那么好吗？就像佳佳说的'你看谁是好欺负的'？她们来到这儿不都改变了嘛！"

杏儿还是摇头："我怕她们不原谅我。"

"我会再和她们谈谈。你现在最大的敌人就是你自己，老师相信你一定能战胜自己的。"

送走杏儿，我马上找了舞琴、阳欣等，告诉她们如果杏儿道歉，她们一定要不计前嫌，"能给人一条生路的时候，就给人一条生路吧！不原谅她，她会破罐子破摔；原谅了她，她一定会改正自己的毛病的……"

像杏儿这样的学生，其实只是表面强硬。因此，在她明白"称王称霸"在班里行不通后，我就不再追究她的恶劣态度，转而和颜悦色地询问、安慰，并教给她正确的待人接物方式，同时给她安全感。

事情已经过去多年了，杏儿在以后的日子里，进步非常大，专业课尤其突出，她找到了树立自己威信的最佳途径——优异成绩。她有了安全感，便不会再像刺猬一样竖起满身的刺，伤害别人了。

二、习惯性打架

这类孩子因童年的不幸经历，养成了用打架保护自己的习惯。她们迷信拳头，善于"武斗"，不善于"文斗"，相信"只有武力能解决问题"。这类学生在校打架次数特别多，可能是师生心中的"小霸王"。她们常常因为一句话，一件小事，就对自己身边的人——甚至朋友、老乡动手，显得脾气暴躁，容易冲动，打完架以后，会很快找到被打的人道歉，以减轻自己的内疚。但事隔不久，朋友一旦招惹了她，马上又会大打出手。教师遇到这样的学生、这样的情况，万万不要简单地做是非判断、道德归因，更不要以为她们一道歉就可以原谅，写个检查就会改过，这都是治标不治本的做法。若想让她们真正认识到自己的错误，还要追根究底，挖出童年时期埋下的打架根源，并让她们体会打架的难过、痛苦等感受，深刻认识到在成人的世界里，拳头是没有多少威力的。让她们明白友好胜于争斗，文斗胜于武斗，并尝到和谐的甜头。

两个女生一台戏

这也是"刺麻苔"班的故事。

事情发生在我批评杏儿后几天，如前文所说，当时这个班会打架的女孩子有十几个，脾气特别暴躁，所以，我一直在寻找一种平衡。这种平衡不是依靠忍让来维持，而是依靠真正的尊重和平等。

那天早上我走进教室，感觉好几个座位都空着，就有些奇怪。询问后得知是 312 寝室的同学全都迟到了。一会儿，惠子和杏儿走进了教室，说："老师，我们寝室出事了，您快去看看吧。"

一走进 312 寝室，迎面看见雯雯和玲玲各自拉着箱子准备回家，我问为什么，玲玲又哭又嚷："老师，我好好地到学校来上学，让人家在我脸上打了两巴掌。我长这么大还没有挨过打呐！今天，我的脸被人打了两巴掌啊！老师，以后我还要不要这张脸了？"

我急忙表示同情，一边继续问出了什么事。

原来，一大早雯雯在阳台上准备穿惠子的衣服，舞琴以为她拿的是玲玲的衣服，就说："雯雯，这件衣服玲玲可能要穿。"

雯雯貌似温柔，其实脾气不好。穿上衣服下了楼，在食堂碰见玲玲，气冲冲地说："玲玲，你要想穿这件衣服，我现在就脱下来给你。"

玲玲一头雾水，感觉当着那么多人的面被说，很没面子，也怒冲冲喊："雯雯，你以后不要用这种口气和我说话。谁稀罕你的破衣服！"

就这么一点儿小矛盾，舞琴、玲玲都以为吵完也就没事了。她们回到寝室敲门，雯雯猛地将门拉开，劈头就给了玲玲一巴掌，同时喊："玲玲，我受够你了！"同行的舞琴、惠子和小可急忙阻拦。但哪里拦得住？雯雯显然是早有预谋，她一手揪住玲玲的头发，一手又是一巴掌。在厕所的佳佳和在阳台的杏儿也出来劝架，但雯雯个子高，五个人都拉不住她，向玲玲身上踹了三四脚，佳佳看不过眼，挡在玲玲身前，结果自己也挨了雯雯一脚，一个没站稳，倒在床上，偏偏胳膊碰在床边的脚凳上，疼得直流泪。玲玲显然是没打过架的，被惠子一个人抱着就还不了手，玲玲脚也在踢，但哪里能踢得到？气得号啕大哭。舞琴等拉架拉不住，又怕打出个好歹来，大家一起哭喊，战争才算平息。

玲玲哭得撕心裂肺，雯雯走到她面前气咻咻地说："你不是要打我吗？你打吧。"玲玲果然站起来给了她一巴掌，立即就被同学们拉开了。玲玲依然一副伤心的模样，闹着要收拾东西回家。大家齐声责备雯雯，雯雯却冷静下来，说："你已经打过我了！你还要怎样？难道要让我给你跪下不成？"玲玲不理，一面哭着收拾东西，一面骂自己来学校找打。雯雯说："你也不用走，让我走好了。"舞琴喊："老师没来，你们谁都不能走。"

于是，惠子和杏儿回教室，剩下的同学在寝室等我过来。

我一面听她俩哭诉，一面惊奇生活好像有专人导演一般，前几天我还在班里警告大家不准霸道，当时最担心的是杏儿和佳佳。今天雯雯和玲玲就上演一出打架的闹剧，倒更像配合我对杏儿的教育。是的，班里了解这一事件的同学一定瞪大了眼睛看我如何处理。无论如何，现在可以确定玲玲是吃亏了，我安慰她是不会错的，便开始帮她擦泪。玲玲对雯雯的哭闹控诉还在继续，雯雯说："别光说我打你，你不也打过我了吗？"

玲玲："我打你？我是在什么情况下打的你？你站到我面前让我打，我还不能打你吗？"

我立即对雯雯的话警觉起来，说："雯雯，当时我不在场。如果我在，你说这样的话，不用玲玲打，我的巴掌早打到你身上了。"

雯雯委屈地说："老师，我们是对打！"

同学们异口同声地说："是你先打玲玲的。"

我说："记得我前几天的话吗？如果有人打你的左脸，你就把右手握起来，朝他的左脸狠狠打过去。这是正当防卫，难道还等着让人打死也不还手啊！"

佳佳是雯雯的同乡，也说："在这里我和雯雯关系不错，我说句公道话。这一次雯雯的错误更大一些。其实平时玲玲对你不错，你不该这么对她。"

玲玲哭得更厉害："雯雯，你凭良心说，我怎么让你受不了了？作业不会了我教你；被子叠不好我帮你；你新买了一双鞋，不会系鞋带我给你系了多少次？我不记得了；你星期天晚上没有及时赶回来，我担心你；你没钱了，又想吃烧饼，我二话没说借钱给你。"

雯雯理亏地说："我已经把钱还给你了。"

玲玲："是的！你已经还给我了。可是我那时可以看着你饿肚子不借给你的。我把你当姐妹看待，可你呢？因为一件衣服，一句话，就这样打我。"

以前我只知道玲玲成绩好，真没发现她的语言表达也这么好，哑着嗓子将以前对雯雯的好——哭诉出来，我们在一旁听着也很感动。

其实，玲玲对雯雯的确不错，上次开班干会，大家谈到雯雯有时候不遵守纪律，不如把座位给她调一下。玲玲还说：就让她坐这儿吧！和我的座位挨着，我可以提醒她，她听我的。没想到两天后她就被雯雯打了。

雯雯显然也被感动了，低头向玲玲道歉："对不起！玲玲，我错了。"

玲玲哪里答应："我拿把刀砍你两下，然后对你说'我错了'，你会答应吗？"

从内心深处说，这件事已经发生，我不想闹太大。眼看着玲玲对雯雯的控诉也进行得差不多了，同学们对雯雯的谴责雯雯也接受了。我却不愿急着了结此事，总感觉事情比表面要复杂。正愁下一步该怎么办，惠子过来了："老师，体检开始了。让您下去呢！"

我这才想起，今天第二节课体检。忙说："好吧！我们一起下去体检。这件事还不能算完。"

走出寝室，已停止哭泣的玲玲再次失声痛哭："老师，我从没挨过打啊！今天脸上挨了两巴掌。我这脸还是脸吗？"

我急忙扶着她，看雯雯手足无措地站在一旁，忙使眼色让她也过来扶，玲玲竟没有拒绝。我松了一口气，知道这是玲玲最后一次发泄，她已经决定原谅雯雯了。

但是，我不能罢休！

体检期间，我首先嘱咐舞琴几个继续安抚玲玲，打消她要退学的念头；一面找雯雯以前的同学了解雯雯的情况。

雯雯以前的同学很多都在我们学校，有几个还在我们班，了解她的过去很方便。

原来，雯雯看似文静，其实在初中时就被称为"小霸王"。来到这儿才三个星期，这已经是她第三次打人了。第一次是在寝室，打的是外班的同学，她的老乡；第二次打的是我们班的瑞云，也是她的老乡，不过打完她就向瑞云道了歉，在菁菁的调解下两个人不计前嫌。我也就没听说。

今天，是她第三次打人。看起来她已经习惯了用武力解决问题。我如果只是单纯地对她批评，让她做检查，只怕效果不好。

体检结束，我把雯雯叫到了办公室。若有思索地说："雯雯，虽然你今天打了架，以前也爱打架。但我不认为你是一个坏脾气的、爱冲动的学生。"

雯雯打断我："老师，我以前没有打过架。"

我笑着点头，表示不愿深究。转而和颜悦色问她："你今天早上怎么就想起来打人了呢？"

"我实在是太生气了，我脾气一向不好，忍不住就给了她一巴掌。"

"看来是因为克制不住怒气。雯雯，你愿不愿意做一个性情温顺、很有教养的女孩子。"

雯雯点点头。是啊！谁不希望自己是窈窕淑女呢？

我真诚地说："那么我们尽量理智、客观地探讨一下这件事，好吗？你当时是真的忍不住了，还是根本就没忍？"

"当然是忍不住。其实玲玲平时对我真的很不错。她哭诉的时候，我是真的被感动了。我挺后悔的。"

我点点头，表示理解："如果当时引起你愤怒的是我，而不是玲玲，你会打我吗？"

"当然不会。"

"看来愤怒并不是打架的唯一原因。还有你没有意识到的其他原因。比如，你下意识地认为老师是不可以打的，而同学是可以打的。所以面对老师，你可以忍住愤怒不出手；而面对同学，没忍住就出手了。好像关键不是忍得住忍不住的问题，而是是否真的去忍了。"

雯雯默不作声。有玲玲的控诉和同学们的谴责作铺垫，她是真的后悔了，但我认为如果不继续追究，她未必就能改正。

所以，我继续自己的话题，没有丝毫责怪雯雯的意思："这样看起来，你当时似乎并不冲动，反而还很理智。"

"我不知道！"雯雯茫然地回答，"我以前没有想过这些。"

我点点头："我相信你。雯雯，你在初中的事我都知道了，很好打听的，你何必否认？以后你再发火的时候，一定要反复告诉自己'我不冲动，我能控制我自己。'"

"我脾气真的不好，我是一个容易发怒的人。"

我很认真地说："易怒并不是一个人固有的个性，而是过去经历强化的结果。"怕她听不懂，我忙举例子："比如对一个不懂事的幼儿，如果他一哭，大人就满足他的愿望，他会认为哭是自己的法宝，只要不合心意就会拼命地哭。久而久之，大家会认为这是一个爱哭的孩子。事实上，如果父母狠下心来，无论孩子如何哭，对他的无理要求都不去理会的话，孩子也就不会轻易哭了。你的发怒也一样。据我猜测：小时候，你可能受过小朋友的欺负，后来自己一发怒、打人，小朋友们都怕你，不敢再欺负你了。你于是认识到了拳头的作用，就经常让拳头替你出气，是吗？"

雯雯忽然流下了眼泪："我家里姐妹多，我是在姥姥家长大的。后来回到父母身边，常被姐妹欺负，爸妈只疼弟弟，又忙……"

我惊呆了，原来如此啊！一面将纸巾递给她，一面让自己的语气更柔和："雯雯，我是真想帮你。我后面的猜测也许不对，希望不要伤害到你。"

见雯雯点了头，我说："你上了学后，还是稍不如意就打人。老师、同学和家长都说你脾气坏，这分明是给了你一个不好的标签。于是，你默认了这个'标签'，你认为自己是一个易怒的人。'易怒是我的天性'，这是一个颇具迷惑力的借口，有了这个借口，你既可以不去改变自己，又可以免受内心的谴责。事实上，你天生不是这样的。"

"我天生不是这样吗？您怎么知道？"

我微微一笑："是你告诉我的。你不是说自己愿意成为一个温柔贤淑的女子吗？那才是你的天性。但是，每次你打人，大家都说你易怒。你以前的老师不是没有管过，但每次可能你和别人都打得不分胜负，或者你稍占上风。老师自然是各打一百板。如果对方吃亏太多，老师就让你向对方道个歉。所以，道歉对你来说很容易，今天在我去你们寝室之前你就道过歉了。但那时你未必就真正认识到了自己的错误。而且，你在道歉之前站到玲玲面前让她打你，潜意识里是想：玲玲打了你，你们就扯平了，以后老师问起来也可以说是对打。"

雯雯抬起泪眼："我没有这样想。"

"我知道！这是你潜意识里想的。如果你真有意识地这样想，就太有心计了。因为你每次打架都只是向对方道个歉就算完事，而自己又以'易怒'为借口，所以打架的毛病就一直没有改过来，或者你根本就没有想过要改。"

我停顿一下，见她不作声，继续说："可是玲玲和你以前打过的人不一样。她反应太激烈了，以前对你又确实不错，她的哭闹让你震惊，你没想到她被你打几巴掌、踹几脚，就会如此悲痛欲绝。"

雯雯点点头。我接着说："雯雯，你已经长大了。通过这件事你也要明白，并不是每个人都那么好欺负。在成人的世界里，拳头是没有什么威力的。"

"我知道！可是我改不了！"

"你能改好的！刚才我已经和你分析得很清楚了。你一直认为自己爱冲动，其实你打人的时候也有理智；别人都说你'易怒'，其实那是他们强加给你的'标签'。你会改好的，老师相信你！"我握着雯雯的手热切地说。

雯雯无助地看着我："我已经向玲玲道歉了，她不理我。我该怎么办？"

"道不道歉是你的事，原谅不原谅是她的事。要不，你当着全班同学的面再向她道一次歉？"

雯雯点点头。

其实，我知道玲玲还是不会马上原谅她。但班里同学迟早要知道这件事，我必须制造一个"雯雯受到了批评"的舆论，免得让学生认为打了人也没什么。况且，玲玲的悲痛主要源自精神创伤，让雯雯给足她面子，也好平衡她的心理。

下午，我在别的班上课。放学后，雯雯找到我，说自己除了当众给玲玲道歉，还写了一封道歉信给玲玲，玲玲看都没看就团起来扔了。听说雯雯哭了一下午，我有些心疼。再去看玲玲，玲玲一说话又要哭："老师，舞琴她们劝我原谅雯雯，可是我心里真的好难受啊！"

我哪里还敢说什么？少不了又是一番安慰。转过来问舞琴，雯雯是否真的给玲玲写了信，舞琴说："我正在说雯雯呢！既然是真心道歉，就好好把信给玲玲送去。她可好！坐在自己座位上，一转身把信扔给了玲玲，玲玲要接受她的道歉才怪呢！"我转头看雯雯，雯雯低头不语。我当着雯雯的面对舞琴说："不要逼玲玲原谅雯雯，任何一个伤口的愈合都需要一个过程啊！"心想：雯雯真是一个聪明的女孩，她总是在自己伤害了别人后，以最低姿态出现，以减轻自己内心的谴责。其实，这不利于她根除自己的毛病啊！

我又一次感觉，不能让玲玲轻易原谅雯雯。我要强化她的经历，让她深切体会到打人真的一点也不好玩。

第二天是玲玲的生日，她的嗓子却哑得说不出话来。舞琴很懂事，一大早就号召全班同学为玲玲唱"生日快乐"的歌。同学们虽然不太了解她和雯雯打架的内幕，但知道她受了委屈，直唱得玲玲心里暖洋洋的。但她还是不肯原谅雯雯，并且说她的爸爸今天可能会来看她，她不知道自己是否能对昨天发生的事隐瞒不说。我内心暗暗着急。心想自己也是做妈妈的人，要是知道孩子在外受委屈，又被打成这个样子，不知道该多心疼。一旦玲玲的爸爸对雯雯不依不饶怎么办？思索良久，我把自己的担忧毫不隐瞒地告诉了玲玲。玲玲却侧面告诉我，她认为我对雯雯的处罚太轻了，最少我应该通知雯雯的家长，让她的家长代表雯雯来道歉。

其实，同事们也认为我应该通知雯雯的家长，但我既然已经知道雯雯在家里并不受宠，告诉她的父母又能怎样呢？除了一顿打骂，对雯雯改正错误没一点好处。所以，我下定了决心不告诉雯雯的家长。等玲玲的父亲过来，我先态度诚恳地向他道歉。但这些我不能让雯雯知道，我还必须让她受够了难再帮她，无非是让她更深刻地意识到"打人实在是太不好玩"这一观念。

所以，课间操时，我把雯雯叫了出来，故意告诉她我必须和她的家长联系，因为玲玲的爸爸要来，我怕他知道玲玲被打的事会不依她：

"你年龄小，不知道父母对子女的爱有多深。我是做了妈妈的人，明白那一颗疼爱子女的心。有时候我们宁肯自己挨打，也不愿孩子受一点委屈啊！"我这样对雯雯说。

雯雯求我："老师，您千万别告诉我父母！如果玲玲的爸爸愿意，就让他打我几下也行，我能受得了，我不会难受的！"

我震惊了，扶着雯雯的肩膀真诚地说："你不会难受，可是我会难受的！你能受得了，我受不了啊！雯雯，你还是个孩子，我不能让他打你！你和玲玲一样是父母的女儿啊！"

"不一样的，老师，我真的不能让父母知道这件事，他们会比您想象的还要生气。老师，我求您了！"

我气得跺脚："你早知如今，何必当初要动手呢？"其实，这句话才是我真正要说的啊！

我很清楚，就算玲玲的父亲来了，知道玲玲被打的事，顶多会责怪我几句，绝对不会像雯雯想的那样，动手打人。但雯雯既然这么想，我倒不妨将计就计，给她个虚假教训。如果雯雯知道我的内心，不知该如何想我。但是，斗智斗勇是师生间常发生的事，天地良心，我可全是为了她能改正缺点，如果她有一天怨恨我在她身上玩了心计，我就只好再次背诵特蕾莎修女的"人生戒律"了：你如果做善事，人们会说你必定是出于自私的隐秘动机。不管怎样，还是要做善事。

没想到，中午舞琴就把我叫到了她们寝室，说："老师，您不要着急了，玲玲接受雯雯的道歉，两个人已经和好了。"我转过去看玲玲和雯雯，她们笑嘻嘻地坐在床上，不住点头。玲玲说："看您和雯雯那么着急，我也不忍心哪！今天我不让我爸爸过来，以后我也不会对家里说昨天的事。"

我长叹了一口气，说实话，我真没想到她们这么快就和好了。我担心的是：雯雯受难没受够，不吸取教训，以后还打人。于是少不了对她一番说教。雯雯连连点头。惠子慢条斯理地说："其实，我以前脾气也不好。后来，我每次想打人时，就在心里暗暗说：'我偏不打，我偏不打'，好像是要和自己作对一样。慢慢地，我就是再生气也不想打了。"

有那么几秒，我看着惠子发愣，继而推着雯雯笑道："雯雯，你看到了！你们寝室可是藏龙卧虎啊！佳佳、惠子、杏儿，她们打架的功夫未必比你差呢！这一次玲玲不会打架，你手上占便宜了，心里可没有占住便宜；如果有下一次……"我不往下说了。

雯雯连声说："没有下一次，再也没有下一次了！"

我内心却不由感叹，上帝造物果真奇妙：三国时有一个周瑜，必要有一个诸葛亮和他对应；312寝室有一个雯雯，便有惠子、佳佳、杏儿和她住在一起，这好像也是在维护一种平衡似的。玲玲虽然不会打架，但伤心时那一声声哭诉，字字句句都浸透了泪水，比拳头还厉害，她显然也是"不好欺负的"。再加上许晴和忆芯（她们也会打架），我真不知道自己班到底有多少"武林高手"。转而想一想，雯雯和玲玲昨天还像"乌鸡眼"一样，今天竟然和好了。她们虽然脾气不好，但也还是一群心地纯良的孩子啊！

看这一群辣妹子！我该怎样对她们教育呢？

在这件事里，我没有做是非判断、道德归因，没有急于告诉雯雯："你这样做是错误的。"因为经验告诉我，这类话在学生那里根本没有效果。谁不知道打架不对？雯雯在我去她们寝室前就向玲玲道过歉了，她每次打了人都会及时道歉，可见她是明知故犯。但她为什么明知故犯？这才是我要研究的问题，只有搞清楚了学生的思路，才有可能对症下药。

通过和雯雯的老乡交谈，我知道了她有打人的习惯。但这习惯是怎样养成的？是什么力量推动她一而再，再而三地打人？我分析的结果是：过去经历的强化和心理暗示的作用。因此便有了师生间的促膝谈心。其实，人最难认识的是自己，当我把雯雯的习惯养成分析出来，当我说她的天性并不"易怒"，连雯雯自己都很震惊，同时心悦诚服——谁不愿意做温柔贤惠的姑娘啊！在这里，我其实是又给了她一个积极的心理暗示——雯雯遇事不易怒。自始至终，我没有过多批评雯雯，但也不劝玲玲原谅她，我当着雯雯的面告诉同学们："任何一个伤口的愈合都需要时间。"这是在强化雯雯的悔恨。这是在设置情景教育。这也是自我教育的一种——让雯雯在班级舆论、玲玲哭诉和老师的言谈中观察、感知、思考、分析自己所做的一切，让她自己认识到"打人一点也不好玩""在成人的世界里拳头没有什么威力"，也就是让雯雯自己教育自己，从而进行自觉的思想转化和行为控制。

三、发泄

有的同学动辄就打人，是因为他心里窝着一肚子火，想找个出气筒发泄。这种因发泄而打架的学生，情绪不佳的原因很多，他们本身有一种邪气，或者容不得别人威信比自己高，不能客观看问题；或者因学习不好，与同学关系紧张，看别人做什么都不顺眼。于是一言不合，就大打出手。遇到这样的情况，老师应该保持清晰的思维，逐条分析给打架学生看，让他知道自己的火来自哪里，好从根上熄灭。同时，不要过多过分表扬几个学生，否则他们会"树大招风"，尤其不可在表扬某些人的时候，总是批评另一些人。

班干部间的争执

主人公小圆身上有一种邪气，她在初中就是学生"头目"。据说，她那时在学生中威信很高，一开始是带头捣乱和班主任作对，排除异己。班主任奈何她不得，便让她当了班长，班级大小事务都由小圆说了算数。她们班从此以后周周都能得红旗。这样的孩子霸气，但在高中却未必能降服个性都比较强的、长大了的学生。何况，她的思想不太纯正，作为班主任的我，也不可能事事依从她。

小圆来我们学校后，由于这一番"周周得红旗"的演讲，依然当选为班长。但不久同学们就看不惯她事事处处以自我为中心的做派。所以，新生入学一个月后，班级再次选班干部，小圆由昔日的班长落选为组织委员，心情极端郁闷。

故事发生在小圆落选班长后不久的一个早晨，我来到学校，就看见生活委员梦丹（威信很高，和小圆住在一个寝室）拿着垃圾斗向教室里跑——她显然是害怕自己迟到。我这里刚刚打开教室隔壁小屋的门，就听见一阵嘈杂声，有女孩子在尖叫着发脾气，一声高过一声，夹杂着桌椅板凳的碰撞声。我把电脑向办公桌上一放，匆匆冲进教室，只见小圆红着眼睛，用武陟方言大叫着："打吧！打吧！要不要打一架试试？"说着就要站起来，向梦丹扑去，几个女孩子忙将她按下去，另一边梦丹却早哭得哽哽咽咽。

梦丹进教室也只是瞬间的事情，怎么会导致要打架呢？

详细问下来，原来这一周是312寝室值日，小圆等4人负责打扫清洁区。身为生活委员的梦丹（她也是312寝室成员）打扫过教室后，去检查清洁区，却发现有一堆垃圾没有铲，忙到教室叫她们4个下去。谁知教室里当时只有小圆和静伟在，但她们认为自己已经打扫过卫生了，便冷漠着动也不动。梦丹怕学生会干部检查时扣分，顾不上和她们理论，拿着垃圾斗铲垃圾去（铲完回来，在校园里遇到了我）。

梦丹铲完垃圾，回到教室里不禁气恼，对着小圆几个说："你们打扫清洁区，留了一堆垃圾没铲，叫你们下去，你们动也不动，这算怎么回事？"别的同学倒没话说，小圆气鼓鼓地用武陟方言反驳了几句，大致意思是，我们又不负责倒垃圾，你批评我做什么？梦丹没有听懂她的方言，但看着她表情不善，说："咱们寝室的人现在真是不讲理，做错了事情还不让我批评。"两个人由此顶撞起来，小圆一时怒起，便喊："打吧！打吧！要不要打一架试试？"一脚把凳子踢倒了，作势站起来，要向梦丹扑去，却被同学们及时按了下去，我也正好走进了教室。

如今，小圆和梦丹都在窝气、流泪、哽哽咽咽。

我大致了解了情况，走上讲台，先说："大家冷静一下，别吵！我现在复述一下刚才了解到的情况，你们看我了解得全面不全面，好吗？"

学生纷纷说好。

我说："首先，是小圆等4人负责清洁区卫生，是吗？"

4个人点头。

我说："现在清洁区有一堆垃圾没有铲，无论怎么说，你们4个人都有责任，对不对？"

4个人点头。

我说："那么，梦丹回来后，批评你们的话，是有道理的。因为她不能因为垃圾没有铲，不批评你们4个人，却批评别的同学。是不是这样？"

学生点头。

我说："所以，小圆不应该生气恼怒。当然，你恼怒可能另有原因，仅仅把这件事情当成了导火线。但咱们就事论事，你不该顶撞梦丹。比如，校长发现我们班的清洁区没有打扫，他肯定不会去追究谁是值日生，而要先批评我这个班主任；若是我不在呢！可能就直接来教室里批评大家了。这毕竟是我们班的清洁区，难道你能顶撞校长说：'今天不该我值日，凭什么你批评我？'校长听了这话可能会说：'这是你们的清洁区，我不批评你批评谁？教育局的领导看见咱们学校不干净，还会批评我呢！'大家想明白这个道理了没有？"

同学们瞪大了眼睛，纷纷回答："明白了。"

我继续说："寝室长小露请站起来。你今天安排哪个同学负责倒垃圾的？"

小露支吾着说："没有具体分任务。"

我说："这就是你的不对了。我早说过，吃'大锅饭'的年代早已过去，一定要把任务分配到人，你怎么不听？"

小露无话，静伟说："我和小圆今天负责扫地了。"

小雨说："我今天负责洒水了。"

小露涨红了脸，我冷冷地看着她："那么，你是负责倒垃圾的，对吗？"

小露不作声，我说："身为寝室长，你没有安排好任务，是第一点错误；虽然你没有合理分配任务，但同学们都能各司其职，唯独你该铲的垃圾没有铲，这是第二点错误。所以，今天主要责任就在你，我要对你提出批评，你服气吗？"小露不说话，我对她点头："还想不通吗？好，你自己反思反思。实在不服气，今天中午再去找我。梦丹作为生活委员，看见垃圾没有铲，回来批评大家是有根有据的，以后再发生这样的事情，请大家不要再狡辩了。"

我走出了教室，将小圆也带了出来，很温和地问："你今天不高兴吗？"

小圆流泪说："我每天都不高兴。"

"为什么呢？你找过原因吗？"

小圆摇头。其实，我知道小圆内心深处的一些信念还有偏差。她如今在我们班不当班长，她很失落，总是窝着气，特别是对威信很高、很负责的梦丹窝气。但这些话我不能对她说，也许她在理智上是承认梦丹的，只是潜意识里不服气她罢了。

想到这里，我更加温和地问："你感觉梦丹哪一点做得不好？"

小圆："她不能这么生气地批评同学。"

我点头，说："我还很清楚地记得，你在上一篇周记里说：'老师，咱们班的同学不是一般的难管理，而是特别难管，她们有本事把班长气得哭笑不得，还说班长不好。我也不是逃避困难，只是我想让每个同学都当一当班长试一试，以后她们就不会再乱了。我觉得每两周换一次班长，要让平时爱说话的人当一次班长，要让她们体验一下当班长的难处，这样会好得多。'以前你在咱们班当过班长，应该能体会班干部发火的苦衷。梦丹她看见垃圾没铲，来叫你们打扫，你们又不去，她能不着急吗？何况她批评的又不是你一个人，是该铲垃圾的人，你生什么气呢？"

小圆想了一想，说："梦丹在班里虽然是生活委员，但在寝室里就是普通学生，我就看不惯她这样批评自己寝室里的同学。"

我说："梦丹的身份是双重的，甚至是多重的。她今天在打扫教室卫生时，是一个普通学生；当她打扫完毕，去检查你们值日的情况时，就是生活委员了。她总不能只批评别的寝室卫生打扫不好，而对你们没有铲垃圾不管不问吧！那不成了八丈高的灯台——看得见别人，看不见自己？"

小圆愣愣地看着我，也许她从没有这样多方位考虑过问题。我也忽然感觉，要帮助她正确认识自己，是多么艰巨的一项任务，以后应该帮她用正确途径树立威信，便匆匆结束话题："你以后有了困惑，一定要来找我啊！我很乐意为你分忧。"

这段时间班主任需要填写的表格很多，最要命的是我那已经参加了实习的"刺麻苔"班学生，也还有一堆表格要我填写、贴照片。这次小露等同学违反纪律，我正好让她们利用课余时间帮我干活。其实学生违纪后，让她们帮老师干活是很好的一个策略。老师批评学生，她们心里必然存有芥蒂，这样一边帮老师干活，一边和老师聊天，心理距离马上就能拉近，别的同学也服气。

果然，小露在帮我贴照片的时候说："老师，我早上不是对您的话不服气，而是感觉自己委屈。同学们说好了不必详细分配任务的，结果垃圾没铲，我却要负最大责任。现在我想通了，值日时，万事不出意外还好，若出了意外，第一承担责任的，就是寝室长。"

中午梦丹却找到我说："老师，我感觉您今天只批评小圆，不批评我，不太好。既然我和她生气了，肯定是双方都有责任。您不批评我，同学们说不定会议论：'看来，在老师那里，班干部永远都是正确的。'事实上，我当时的语气也确实不太温和，应该引以为戒。"

我惊喜地看着梦丹，晃着她的手说："你这么懂事，怎么不让老师心疼呢？既然如此，你就和小圆她们一起接受惩罚吧！也好缓解你和她的关系。"

望着梦丹离去，我告诉自己："这样的孩子，才是我最应该扶持的对象。下午，我要把她刚才的一席话对同学们复述出来，让大家看看正确的做事方式是什么。"

其实，班里每一件突发事情的发生，都是一个绝好的教育契机，老师处理事件的过程，就是帮助学生树立正确价值观的过程。这在帮助身上有"邪气"的同学成长中，尤为重要。

当同学们吵架的时候，都在为自己的行为开脱，必然是公说公有理，婆说婆有理。无论是当事人，还是旁观的学生，当时的头脑都是一片混乱，分不清谁是谁非。这时候老师一定要保持冷静，不妨将自己了解到的情况条理清楚地逐一复述出来，这是语言沟通中很重要的技巧，有利于学生理清思路。班主任一旦掌握，对自己的工作开展非常有利。

学会复述，就是重复对方刚才讲话的重要文字，加上开场白。例如："你是说……""你的意思是……""看我了解的是否清楚……"等。这样的复述看似简单，事实上很有效果，能让学生感觉到我们很在乎他说的话，这时学生的心对老师是开放的，是愿意接受我们的建议的，接下来我们就可以运用"先跟后带"的做法，也就是先附和对方的观点，再带领他们去我们想去的方向。

对小圆的发怒，我也不仅仅局限在就事论事上，而是考虑到前因后果，"看见"了她的伤痛，对她又批评、又理解、又开导。小圆在这一事件里收获较大，后来，她情绪偶尔也有波动，但再也不乱发脾气，甚至不打架了。

违纪的学生在认识到自己的错误后，会有一种"罪疚感"（我们老师迟到后，无论领导有没有批评我们，我们都会不安、难受，这就叫"罪疚感"。弗洛伊德认为，自我的欲望受到超我的限制和惩罚，自我便感到羞愧和内疚，是也）。与"罪疚感"相对应的，是"清白感"。也就是说，当我们犯错被批评，并努力去弥补错误后，内心也就平静了。这个平静，就叫"清白感"。当我们获得了"清白感"，会全身轻松，内心坦荡。

"罪疚感"如果不好好处理，很容易破坏彼此的感情和关系。再如，当我们做过对不起某人的事，我们在他（她）面前会不舒服，会觉得亏欠了他（她），如上所说，这种感觉就叫"罪疚感"，会导致我们不愿意见他（她），关系会因此越来越疏远。当我们对他（她）道歉，并给了对方一定的补偿（受惩罚），心里就会舒坦很多——获得了清白感。

道歉加补偿（惩罚）加原谅，等于关系的进一步密切，可以让彼此都活得轻松健康；而学生屡次违纪后，次次都是道歉加原谅，无论学生表面如何，潜意识里都会觉得亏欠我们，他（她）在我们面前有"罪疚感"，有压力，就会逃离。

有时我们对某一个问题学生非常好，无条件接纳，但是最后他（她）还是退学了。退学的原因是多重的，其中一个可能就是，师生之间只有道歉和原谅。

所以，老师要给他（她）一个获得"清白感"的机会——不带敌意地坚决执行班规，同时深情关心他（她）。

何其有幸，我的生活委员梦丹，自己跑来办公室提醒我，她也应该被批评。否则，她心不安——她会在小圆和同学们面前有"罪疚感"。当我批评了她，她也就心安了——获得了"清白感"。

四、班级间学生的纠纷

由于平行班之间存在着纪律、卫生、成绩等方面的竞争，无形中两个班级就可能闹出矛盾。老师若处理不好，外班学生和本班学生都会有意见，班主任便成了钻进风箱里的老鼠，里外受气，两头不落好。所以，处理班级间的矛盾，班主任更需要动脑子，用技巧。

班级之间烽烟起

往年的幼师班如果超过两个，或多或少都会有一些矛盾，但我没想到那年的两个幼师班刚来没几天就会发生那么大的争执。

一大早，我刚进校门，就被二班的班主任和班长截住了（我是一班的班主任）。

据说，昨天晚上二班寝室的同学在唱歌，影响了我班同学写日记，我们班萱萱说了一些难听的话，两个班就此发生争执。后来，我班秋丽拿了一把刀子上她们寝室去，矛盾闹得更大，她们班的班长说，"我们班学生气得一夜没睡好觉，早饭也吃不下，军训动作也做得乱七八糟"，同时责问我："你们班的学生怎么是这个样子？听说拿刀子的同学还可能当班长呢！"

我当时不了解情况，但发生了这样的事，我们班肯定有责任，所以听她说完，我表态："首先，是我们班个别同学做错了，我代表她们向你们道歉！其次，这只是我们班个别人一时冲动，并不代表我们班的班风，希望我们两个班以后还能和睦相处。至于班长，我现在还没有想好谁当合适，你们不要乱猜测。"看她没有反应，我转向她们班的同学："是我们班个别同学做错了，我代表她们向你们道歉！我这就去批评她们。"班长依然愣着，我头一歪，笑道："怎么，难道是我这班主任的道歉分量不够，非要让学生来道歉？"班长一听也笑了。

我们班有几个学生一看见我，也要跑过来，我笑着摆摆手阻止她们。她们无非是想求得我的同情，现在我才不听她们的一面之词，因为听也听不明白。事情已经发生了，我也已经道过歉了。我要了解事情原委，完全可以看同学们的日记，并向丁教官打听。

看完日记我才明白，的确是萱萱被歌声打扰后骂了二班的一个同学，二班的学生不依不饶，两个班开始对骂、争吵，乱糟糟的也分不出谁是谁非。秋丽正削苹果，一心要休战，跑到二班寝室去言和，却忘了把刀子放下来，结果被误会是想打架，闹得更厉害，惊动了丁教官。两个班的教官一起出面调解也不行，最后还是丁教官向她们鞠躬道歉，此事才完全平息。

同学们在日记中说：一个巴掌拍不响，这件事本来说不出谁是谁非。但教官替我们班同学向她们道了歉。她说，总得有人退一步，"战争"才能平息，我们就心胸开阔一些退一步吧！以后大家相处的日子还很长，别为了这些小事伤了和气……

我不得不对丁教官这个年轻女孩子充满感激，并刮目相看了。她的处理正合我意。我只是感觉奇怪，既然丁教官已经向二班道了歉，她们为什么还那么生气呢？

休息时，我向丁教官道谢，她摆手笑道："你和我客气什么呀！其实也不全怨咱们班。主要是秋丽一激动，语言表达不够利索。分明是言和，倒让人家误会了。她们班学生却伶牙俐齿的，这事还多亏了菁菁（前文有她的故事）。菁菁说话一套一套的，条理分明，要不是她，我去之前早打起来了。"

我问秋丽："你怎么回事啊？"

秋丽："我本来说话挺流利的，您要求我说普通话，普通话我却说不流利，就这样误会了。"

我笑道："得！还怨上我了！你说方言，人家听不懂，才更加误会呢！也没见过去言和还有拿刀子去的。"

秋丽："您整天让我们宽厚，发生了这样的事，我一急，忘了把刀子放下来。她们看我个子这么高，又黑，就以为我是来打架的。老师，我错了，在家里我就经常帮倒忙，什么事都是越帮越忙，没想到来这儿也一样。"

不等她说完，同学们就嘻嘻哈哈笑起来，有人问："老师，发生了这样的事，您怎么不生气？"

我说："对已经过去的事，生气有用吗？何况，我们已经知道自己错了，以后改正了就好！"

从这篇案例，我们可以看出来，遇到班级间闹矛盾，首先要做的是：

（1）高姿态。面对外班师生的责问，老师连续道歉两次。其实这件事情中，外班有错在先（唱歌影响写日记），但这时对方群情激愤，如果在先错后错上纠缠，或者查个一清二楚后表态，事情的发展就可能是另一个样子。

（2）道歉时，要把两班同学分开。这篇日记发到论坛上，有一个网友说：有一次，他们班和外班也发生了矛盾，他向外班道歉，结果外班同学不怎么领情，自己班的学生却对班主任非常生气。所以，向别人道歉，首先就要将自己班级的学生隔离，主要是预防烽烟再起。

（3）老师的情绪要镇定，这是一种缓和紧张气氛的"调节剂"。

（4）认错要客观准确。不能为求息事宁人，过分夸大自己班级的不足。

（5）要认真了解原委。这直接影响着处理问题的思路。向谁了解事情的原委？这也是一个策略性的问题。老师不听同学情绪激动状态下的辩解，而打算去找第三者丁教官，去看同学的日记。这种冷静理智的做法有一定的可取之处。

（6）平时要注重引导学生学会做人，包括学会宽容。有的学生心胸狭隘，很难理解和接受老师的"退一步"行为。

师姐妹间的冲突（1）

事情发生在 2007 年 9 月 20 日，早会课结束，我走出教室，迎面看见玮老师来上课，匆匆对我说："昨天晚上咱们两个班差点打起来。据说现在你们班的同学还想找人打我们班，我回头再和你详谈。"我心中不免一惊：一大早来到教室，我先问昨天晚自习情况，大家一致说很好。却不料她们竟然对我隐瞒着这么大的事情。

原来，昨天晚自习前，我们班的 6 个学生，和玮老师班的十几个学生都在舞蹈教室排练舞蹈。即将上课的时候，玮老师班的学生先退了出来，有一个女孩子在门口换舞蹈鞋，婷婷要关门，力气大了些，砰的一声，似乎很不友好，可能碰到了这个女孩子的额头，女孩子非常生气，激动起来，随口骂了婷婷一句。婷婷是火暴脾气，不道歉却咄咄逼人地问："碰到你了？碰疼了？是碰流血了还是碰成了脑震荡？要不要到医院检查一下？我愿意出所有医疗费，你去不去？"

玮老师班别的学生听婷婷连珠炮似的问话，颇感生气，一个个开始帮腔，婷婷的嗓门又大，口齿又伶俐，她们班十多个人都压不住婷婷一个人的声音——中国人吵架向来感觉自己嗓门越大，理由就越充分的。当吵架吵不过的时候，有的同学就开始骂人，婷婷一句不让：

"还学姐呢！什么素质，竟然骂人！你有理说理啊！仗着自己年龄大，人多吗？"玮老师班的学生哪里想到新生会这么厉害？她们的嘴巴既然跟不上，骂人又显得素质低，有个女孩子一急就扬起了手，作势要打婷婷，婷婷一看怒火更大，将手中的水杯向地上一摔，说："怎么着？还想打人是不是？"我们班的学生赶紧劝架，说："咱们有理说理，别骂人啊！"她们班的学生却从门外一哄而上，将我们班的学生逼到了墙角，一声声吵架般责问："谁骂人了？谁骂人了？你们是哪只耳朵听到我们骂人了？"婷婷气红了眼，打了一个电话，一会儿进来几个男生，玮老师班的学生却愣住了，她们做梦也想不到婷婷会叫男生过来。几个男生问婷婷挨打没，婷婷说没有。这时老师过来，把人疏散了。

今天早上我找玮老师班的学生了解情况，她们还义愤填膺，说："老师，舞蹈教室是不能进男生的，但你们班的学生竟然带男生进去，实在不像话。昨天竟然还打电话请男生打我们，这学生也太厉害了。说不定她们还会请人打我们呢！我们难道就请不到人帮忙打架吗？"

我忙点头，说："是，是我们班的学生太不像话了，我向大家道歉，我今天上午就批评她们去。你们放心，她们绝不敢请人打架的。"心里却止不住纳闷，婷婷语言了得也就罢了，怎么会请人打架呢？

上午三四节课是声乐课，剩下 10 分钟的时候，大家嗓子已经很疲惫了，我停止上课，问同学们，可曾遇到过被别人踩脚的情况？

同学们纷纷说："有！"

我问："当别人踩你脚后，你有什么反应？"

小琳说："若是不疼，我就笑笑，说没关系。"

我问："但是，若是很疼很疼呢？"

小琳："若是太疼，我可能会说：'你怎么回事，没长眼睛啊？'"

我点头，问："大家理解小琳这样的言辞吗？其实人在疼痛极了的时候，会不自觉地骂人，也许连骂人的人自己都没有意识到，你们相信吗？"

同学们没有料到我早知道了舞蹈教室的烽烟，毫无戒备地说："我们相信，也理解。"

我问婷婷："你理解吗？"

婷婷鼻子一皱，说："当然理解了，若是踩疼了我，我也会生气的。"

我继续问她："如果是你踩了别人的脚，她确实被踩疼了，你会怎么说？"

婷婷："我会向她道歉，说对不起！"

我点头："好！我完全同意婷婷和大家的说法。但是，昨天晚上我们班出事了，情况却不是这样。"

婷婷愣了一下，忽然明白过来，飞红了脸，要争辩。我忙示意她坐下。这孩子一说起话来，肯定又会风雨不透。所以我忙替她说："昨天玮老师班的学生离开舞蹈教室的时候，婷婷随手将门一关。可能用的力气大了些，碰到了人家一个女孩子的额头……"这时婷婷说："没有碰到，老师。况且她若好好和我说话，我一定会道歉的。可是她骂我，我就不买她的账了。"

我说："首先，你不是她，你怎么知道她没有被碰到？其次，大家也都承认，若自己被别人踩疼了，也会发火，甚至骂人。所以，人家女孩子骂人也是可以理解的。婷婷刚才也是这么认为。可惜，当事情发生到自己身上的时候，就不冷静了。昨天婷婷碰到了人家，不但不道歉，竟然说：'碰住你了？碰疼了？是碰流血了还是碰成了脑震荡？要不要到医院检查一下？若需要，咱们现在去，我愿意出所有医疗费，你去不去……'"我模仿着婷婷的语气，清脆响亮地把这话重复一遍，学生哄堂大笑，我也笑："这话可真叫精彩！婷婷当时说得比我的语速还要快，直让人家急红了脸。"婷婷在一边也红了脸，笑着重复："她若好好和我说话，我肯定会道歉的。"

我点头："是的！我相信你！所以，以后我们若是被别人不小心弄疼了，一定要得饶人处且饶人，冷静一下。但你当时这话说得却太绝了。还好那个女孩子不够刁蛮，若是换了我——我多少是有些刁蛮的——我马上就会让你陪我去医院走一趟。你不是说你要为我出医疗费吗？我就花你一大笔钱，检查个CT，我倒不疼不痒的，看你心疼不心疼。再说了，你若在社会上这样嘴巴不饶人，遇到脾气暴躁的男人，说不定会打你。"

婷婷说："男人？男人才不会这么无聊呢！"

我笑着说："不错，男人本质是不无聊的，但是可能会有女孩子让他无聊啊！后来不就有男生掺和进去了吗？"

婷婷马上领悟了我的话，说："老师，不是我叫那些男生来的。是他们恰好给我打电话，问我这边怎么这么吵，我说自己和外班学生闹矛盾了，他们就赶来了。"

我忙点头："我也说啊！我们婷婷怎么会那么无聊，连带和自己认识的男生也做无聊的事情呢？说出去这名声多不好？女孩子和人家拌几句嘴，马上有男生来帮忙打架，不但显得我们心胸狭窄，连那男孩也会被别人认为小题大做。"婷婷不好意思地笑，却说："人家男生才不这心胸狭窄呢！倒是玮老师班的学生，还学姐呢！一点也不知道疼爱学妹。"她后面的声音越来越小，但我还是听到了，马上说："别说人家，先看咱们自己，还学妹呢！一点也不知道尊重学姐。"

学生又一阵哄笑，婷婷说："老师，我没有您反应快。"

我说："不是我反应快，而是道理不该按照你说的方式讲。大家说，这件事情再发展下去，还有没有意思？"

学生纷纷笑着说："不值得发展下去了。"我问婷婷："听说你要找人打人家，有这回事吗？"

婷婷说："没有啦！我才不这么无聊。"这次我放下心来，知道不会有男生参与进来打群架，却说："大家想一想，如果让历史重来一遍，这件事情有没有更好的处理方法？"

学生不作声，我说："若是婷婷关门别那么急躁，会不会碰到人家？"

学生说："不会！"

我说："对，所以我们以后做事不能毛手毛脚。若是那个女孩子被碰到以后，不骂人，会不会有后来的矛盾？"

"那我肯定主动向她道歉。"婷婷说。

我点头："所以，大家以后得了理，不要不让人。若是婷婷理解被碰人的疼痛，真诚向人家道歉，会不会有后来的争吵？"

学生说："不会。"

我说："所以以后我们错了，就爽快一点认个错，认错不丢人。婷婷你说心里话，你感觉老师说得对吗？"

婷婷小声说："您说得对。"

……

反思：在婷婷和学姐发生矛盾的时候，婷婷的错误更大一些，但她没有沾光，被十几个学姐"围攻"的滋味不好受。她已经受到惩罚了，所以，我就不过多批评她。但我必须让她知道自己的错误，她的嘴巴很厉害，要让她认错不容易。于是，我先设置一个问题：被人踩了脚以后，你会有什么反应？当大家谈得差不多后，我才开始谈论婷婷和人家的矛盾。这点采用了《战国策》里《触龙说赵太后》的语言技巧。婷婷的主要问题在语言表达能力极好，却只想自己，不想别人。只从自己的角度考虑问题，不顾及别人的感受。因此，我们必须在语言表达上超过她，让她尝尝被别人说得哑口无言的滋味。事实上，我一直认为教师的嘴皮子功夫必须过关，若是三言两语就被学生问得哑口无言，总归是不好的。

但是，这件事情我解决得并不彻底，婷婷和学姐之间依然有疙瘩，所以导致了三天后她们之间更大的一次矛盾。

2007 年 9 月 24 日　　晴

师姐妹间的冲突（2）

昨天出差在外，就接到玮老师的电话，说婷婷在周六又一次和她们班的女孩子起冲突了，从目前的状况看，矛盾极有可能继续激化，甚至发展到打群架。

所以，我出差回来，就向玮老师细问。原来，9 月 22 日婷婷和贝贝在市场上遇到了玮老师班的女孩子，婷婷误认为人家骂自己（一方说骂了，一方说没骂。到底骂没骂至今也不清楚）。婷婷那脾气，哪里会放过？气势汹汹到人家女孩子面前，杏眼圆睁质问："你骂谁？你刚才骂的是谁？"玮老师班的女孩子惊问："谁骂你来着？你这人怎么这么不讲理？"贝贝怕婷婷激动，忙向后拉她。但婷婷的脾气一上来，才不管那么多，直着脖子，脏话就出来了。玮老师班的 4 个女孩子依然不是对手，落败而去，回到学校却越想越生气，在寝室里一说，她们班的姑娘们不禁义愤填膺。当时就纠集了 6 个人，浩浩荡荡将婷婷和贝贝阻拦在走廊上。学姐们既然见识了婷婷语言的厉害，自然是有备而来，不等婷婷开口，就七嘴八舌质问。婷婷想开口说话，学姐们哪里肯？三言两语不到，6 个学姐就把两个学妹又推又搡地逼到了墙角，混乱中只听得婷婷一声声尖叫，惊动了宿管老师，学姐们才被拉开。

我问玮老师："婷婷挨打严重吗？有伤痕吗？"

玮老师说："不严重，也就剌挠了几下。我让我们班打人的 6 个女孩子写检查，结果全班同学'嗷嗷'叫的不同意。说婷婷这几天一看见我们班的人，眼神都不对劲。她提起我们班的女孩子，就开始骂人。

现在，我简直要控制不住局面了。"

玮老师的话我信。婷婷的眼睛大，她一旦对哪个人有情绪，情绪马上会通过眼睛写到脸上。何况她那火暴脾气，在被挨打后骂别人，也不是不可能。

回到教室，同学们看见我很开心。婷婷也不例外——她竟然像没事人一般，跟着同学们一迭声喊叫"想老师了""老师今天上哪里去了"，没有丝毫挨打的迹象。

我匆匆回答了她们撒娇般的问话，反问："我不在家，你们表现乖不乖？"

同学们异口同声地说："可乖了。"

我笑问："没有人参与打架吗？没有人受委屈吗？"

婷婷的脸一下子红了，我朝她点头，说："一般来讲，人与人之间有了争执，就会讲理；讲理不过，激动之下就会骂人；骂人不过呢？就会打人。婷婷，你不怕讲理、不怕骂人，但这不饶人的嘴，却能带来别人的打。"

婷婷不服气："她们先骂我的。"

我说："但是，人家说你一见她们班的女孩子，就骂人家。这就是你的不对了。你何苦把战线扩大呢？扩大战线是女孩子常犯的错误。比如，可能只是二班的一个女孩子得罪了你，甚至她的错更大些，她们班的女孩子也都同情你。但是，你若和这个女孩子吵架的时候，说：'你们二班的学生都怎样怎样'，那么你得罪的将是整个班级。"我将脸转向大家，问："你们明白我的意思吗？"学生回答："明白。"

我真诚地批评婷婷："所以，你这个脾气必须改。否则，以后还会吃亏的。"

婷婷忽然红了眼，豆大的泪珠瞬间流下来，哭着说："老师，我两天没见您，确实是挺想念您的。没想到您一回来，就开始批评我。您可知道当时的情景？她们班 6 个女孩子将我和贝贝围住，根本不给我们说话的机会。我还没说一句话，她们就又推又搡的。"贝贝也开始哭："老师，您也不能全怪我们。第一次冲突，除了我和婷婷，咱们班另外的 4 个同学只是劝架。她们却是十几个人全部上场；这一次，又是 6 个人围攻我们俩。您不想想我们受的委屈，只是一上来就批评……"

听她们说得可怜，我也心疼，感觉玮老师班的学生确实有些过分。这一次分明是我们班吃亏了，她们竟然还吵闹着不依。于是对婷婷说："好了，咱们什么都别说了。现在，你俩和我一起，去和二班的几个学生坐在一起好好谈一谈。"

婷婷任性起来："我不去。反正您也不信我的话。您只知道维护人家班的学生。"

我不禁奇怪："我怎么不相信你的话？她们说自己没有骂人，你却说她们骂你了。到底骂没骂，咱们到一起核实一下不就是了吗？"同学们也纷纷劝，婷婷这才擦干眼泪，和我走出了教室。

楼下玮老师班的学生果然吵嚷得厉害，这个刚参加工作 3 年的年轻教师看见我，红了眼圈，说："我劝不住她们了，简直要造反。"

我说："我去和她们谈一谈，你先和婷婷谈。"

婷婷却朝玮老师一瞪眼："我们也不用谈了，我知道您肯定偏向你们班学生。"

玮老师生气了，却说："好！我不和你谈，等一会儿让李老师和你谈。"

婷婷晶莹的泪珠沿着腮帮向下滚："我们老师也是偏向你们班，你们都不相信我，我也不要和她谈。"

我看她哭得可怜，玮老师班的学生又吵闹得厉害，也来不及分辩。便不理婷婷，自己走进玮老师班教室，将门一关，说："同学们冷静一下！是我们班的女孩子不懂事，我在这里先向大家道歉。"

学生纷纷说："老师，做错事的是你们班的学生，又不是您，您不用歉疚的。"

我听她们还不至于失去理智，越发真诚地说："但是，我没有帮婷婷改正毛病，让她骂了大家，这是我的失误。真的很对不起。"

学生忙说："老师，您虽然不带我们班的课，但我们都知道您是个好老师，您别难过了。"

看来，这个班的女孩子还真是"顺毛驴"，我庆幸自己没有找她们的碴，说："谢谢你们这么理解我。现在事情已经发生了，我们总要想办法解决才好。现在，咱们班选3名经历了周六打架全过程的、语言表达能力强的、不容易激动的同学，和我一起到办公室谈一谈。"

办公室里，我让双方陈述事情经过，首先立下明文：当婷婷说话的时候，学姐们不能打断；学姐们说话时，婷婷、贝贝不能插话。双方自然都很满意。其实，我让她们陈述事情经过，除了想让大家都冷静、客观地看待这一事情之外，主要目的还想让姑娘们宣泄一下心里的怨气；在她们陈述的过程中，我要求别人不准打断，除了担心争吵再次激化，还希望她们能真切体会到被人尊重的感受，免得以后一言不合，再起烽烟。

陈述过程中，眼看我的目的已经达到，便首先批评婷婷："上次纷争平息后，你不该暗里骂人家，这是你的错了。"

婷婷眼睛里饱含了泪水，却不说也不动。

我继续说："而且，将对一个人的怨气，扩大到整个班级同学的身上，也是你做得不对，是吗？"

婷婷的泪水已经积在眼眶了，如玫瑰花瓣上的露水，似乎一碰就会流下，我继续激怒她："最不应该的是，你根本就没有听清楚学姐是否骂你，你竟然又和人家争吵起来。"

这一次，婷婷忽然爆发了，声音又脆又响又快，如炒豆子一般："我就说嘛！老师您就是偏心她们班的学生，什么都是我的错，您不会考虑我的感受。您不知道当她们把我和贝贝围起来骂我们的情景。您更不知道她们围着打我们时，我们的无助。您什么都不知道，只是偏听偏信，我不要说什么话了。因为我说什么也是白搭。"

学姐们震惊了，也许她们在围攻婷婷的时候，确实没想到这个伶牙俐齿的女孩子的无助，眼看着婷婷的泪水像小溪似的流淌着，她们脸上也有了不忍的表情。

我却还不满意，对着学姐们说："你们看看，你们看看！她对我都是这样的态度！她就是这脾气，她这脾气要改，但一时半会儿也改不好。你们要给我时间，也要给学妹改正的时间啊！"

学姐们纷纷点头，我对婷婷说："你怎么知道我就不批评学姐呢？"又转身对学姐们说，"这件事情如果我和玮老师处理不好，就只有上交到学校政教处了。若真的到了政教处，无论怎么说，你们是学姐，婷婷是学妹。学姐和学妹发生冲突，总难免被人误认为你们是以大欺小，这对你们很不利。"

学姐们点头。

我继续说："第一次发生冲突，我们班在场6名同学，只有婷婷和贝贝两人参战，剩下的都在劝架，是吗？"

学姐们点头。

"当时你们班十几个同学在场，你们全部参与了争执；第二次是你们6个学姐围攻两个学妹。两次都是学姐的参战人数远远超过了学妹，这样难免被人认为'恃强凌弱'。这是第二个对你们不利的地方。第三，你们不该一行6人，浩浩荡荡找到婷婷的寝室去理论，甚至打架。这叫'打上门来'，有明显的挑衅情绪，甚至可以说是侵犯。理说到哪里，你们都不合理。"

同来的三个学姐本来就比较冷静，现在看见我一条条分析下来，无不中肯。旁边又有婷婷这个泪美人的埋怨、哭诉作铺垫，一时间说不出话来。这属于情景教育。我继续说："一个同学和别人闹情绪，全班都参战。这样的班级看起来很团结，却总让人感觉心胸不够开阔。这是你们班主任、我、以及一切成熟理智的成年人所不赞成的。这不能为班级带来光彩，却可能给班级抹黑。你们认为呢？现在咱们还要不要把这件事上交到学校？"

学姐们中有反应快的，马上说："老师，我们确实有不对的地方，咱们不用向学校说了。"

我说："哎！说来说去啊！我们婷婷的嘴巴太厉害了，但她内心却是极善良的，也特别可爱。"我又转向婷婷说："你这样的说话方式不改，咱们班同学迟早也会被你得罪了，说不定哪天你在自己班也会挨打。"

婷婷脸上还有泪痕，却已经平静下来，听了我的话，将头一低，斜视着我，小声嘀咕："净瞎讲！我在咱们班人缘好着呢！"

我大笑："你们看看她那样子，这是在和老师说话吗？"

学姐们也笑，纷纷说："婷婷确实挺可爱的。对不起，我们在这两次事件中，不该让学妹受委屈。"

我拍手惊叹："看看，看看！真不愧是学姐，看看人家的姿态多高。婷婷，你没话说吗？"

婷婷又一次低着头，丹凤眼却向上斜着看大家（这是她一贯撒娇的表情），脸上挂着泪痕说："对不起，学姐，我不该骂人。"

玮老师也笑，说："好了，好了！这叫不打不相识。以后你们要互相帮助，再别发生这样的事情了。"

我对学姐们说："今天晚上，你们回去向班里同学分析、解释一下我们的故事的结局。这件事情就别让玮老师出面了，毕竟你们是学生里的一员，你们的话，同学们更信服。"

在这个案例中，我主要运用了"共情"和"移情"的功效。

所谓"共情"，许多学者有着精辟的阐述。Mayeroff（1971）认为，共情就是"关怀一个人，必须能够了解他及他的世界，就好像我就是他，我必须能够好像用他的眼看他的世界及他自己一样，而不能把他看成物品一样从外面去审核、观察，必须能与他同在他的世界里，并进入他的世界，从内部去体认他的生活方式，及他的目标与方向"。

在解决师姐妹矛盾的故事中，我就是一步步引导——或者说逼迫婷婷哭喊出自己的委屈，让学姐们去体会婷婷的委屈，产生"共情"。

所谓"移情"，就是把感情转移的意思。它不同于当代流行的习语"移情别恋"，因为移情别恋一般是专指爱情而言的，分析心理学的移情，则是指所有的感情，即不仅指爱情，也指仇恨与憎恶等情绪的转移。

在婷婷的委屈辩解中，等学姐有了不忍之心，憎恶之情被顺利转移出去。这样让学姐反过来再"看见"婷婷的委屈。须知，心理学中有一句话，叫"看见即疗愈"。我再客观地进行分析，进而引导学生相互道歉，把彼此的怨恨、委屈都在理解的前提下转移出去。

第五章

『局外人』看男生教育

——和男生建立良好的关系

关于男生教育的思索，我早就开始了，也曾询问过许多长期带男生班的同事："若在男生班和女生班选择，你究竟喜欢带哪一个班？"其中几个老师不约而同回答："若不能选择带男女生混合班，相比之下，我还是喜欢带男生班。"

但是，我很清楚，陪伴男孩成长带给教师的挑战，某些方面甚至超过了陪伴女生成长。古希腊伟大的哲学家柏拉图，早在2300多年前就这样写道："在所有的动物之中，男孩是最难控制对付的。"

的确，这些天生带有"Y"性染色体的小小男子汉，自出生以后就会给父母带来无穷的教育困惑，上学后自然会成为令老师头疼的"麻烦"。概括起来说，他们调皮捣蛋，上课爱说话、作业不认真、不参加值日、顶撞老师、成绩不如女孩好，辍学率、犯罪率比女孩高……

但是，我的同事怎么会选择带男生班级呢？其中必有缘由。

以下，是我和这几个同事的谈话记录：

一、以柔克刚

坐在我办公桌对面的，是小娟老师，一个温柔如水、娴静似花的女孩子，身材又是那样娇小玲珑，带着一脸甜美的笑容。当她和学生走在一起，常常让人分不清谁是老师，谁是学生，但学生确实很喜欢她。

在这个阴沉的初冬午后，我和她有一句没一句闲聊着。

我问："你教男生，有什么感觉？"

她笑："没什么特别的感觉，他们就是喜欢接老师话啊！有时违反纪律什么的。有时候我生气了，他们也会害怕，但总是不长记性，下次还是照样违反。而且，我批评他们，他们还是一副很无辜的样子。"

"他们记仇吗？"

"他们不记仇的，但总是不上心。我感觉，和男生说话，绝不能用命令的语气。"

"怎么不能用命令的语气？"

"比如想让他们帮我拿教具，或打扫卫生，或要求他们'别说话'等，若是命令，他们肯定不干；若是好好说，他们会非常乐意做。"

我笑着说："就是说，要哄着他们做事。这就是我们平时说的'以柔克刚'了。"

"是的是的，要哄着他们才行。"

······

小娟老师上课去了，我在思索她的成功之处——千万别对男孩来"硬"的，要和男孩做朋友。

男孩最怕什么？

很显然，他们最怕没有人理解、没有人支持，以及没有自由！男孩虽然事事粗心，却有着一颗敏感的心灵，老师的不尊重、不理解，往往是他心中永远的痛；

男孩最不怕什么？

男孩最不怕的就是武力胁迫，"越打越犟"是他们的长项。男孩天生是倔脾气，老师说东他偏往西，老师越说不可以他越是想尝试，老师越是严格控制他越叛逆······所以，千万别对男孩来"硬"的，要和男孩做朋友。我曾经写过一篇《"光头"学生女教师》，主要记录一位教师以柔克刚的故事。

"光头"学生女教师

这里的"光头"其实不是指学生理了一个和尚头，而是我校老师们对电子班的56个男生（另有4个女生）的昵称。他们大多是初中毕业没有考上高中，希望来我们职业学校掌握一门技术的，甚至有十几个在初中是出了名的"捣蛋大王"。

"女教师"当然是指他们那年轻漂亮的班主任月儿老师。月儿的气质温文尔雅，"娴静时如娇花照水，行动处似弱柳扶风""眉梢眼角藏秀气，声音笑貌露温柔"。这样一个楚楚动人的教师，要做56个男生的班主任，她会不会被这些"光头"们欺负啊？当领导宣布月儿担任电子班班主任时，同校的老师无不为她捏着一把汗。

然而，我们的月儿老师信心百倍地走马上任了。

第一次和学生见面，月儿就用她那特有的、柔柔的声音说："以后你们违反了纪律，我不会吵你们，也不会骂你们，整天吵架骂人，和泼妇有什么区别？我做不来的。到时候，咱们就讲道理……"

其实，每一个学生的心里都有一根天使的琴弦和一根魔鬼的琴弦，正如一位教育家所说：学生的心中都有光明和阴暗两方面，教育者应当善于掀动学生心灵深处美好的、善良向上的激流。月儿老师这一席话，无疑奏响了"光头"们心中天使的琴弦。他们又处在讲义气的年龄，遇到了这样彬彬有礼的班主任，无不暗下决心要做知书达礼的谦谦君子。然而，多年养成的坏习惯，哪里是一朝一夕就能改掉的？这不，小江藏了一星期的"狐狸尾巴"在早读时露了出来。月儿把他带到操场上说："办公室有别的老师，咱们就在这儿说吧！"小江装出一副满不在乎的样子："别的老师知道了也无所谓，您不用给我留面子，我已经习惯了。"月儿老师瞪着清澈的眼睛，真诚地说："你习惯了，可是我不习惯。我希望我的每一个学生都活得有尊严，不过，做到这一点还必须有你们自己的努力！"一句话就让"捣蛋大王"眼泪汪汪：多少年了，哪儿有老师这样对自己说过话？有了这一番感动，师生间的谈话便进行得格外顺利。

其实，当心被真诚和爱占据后，所有的教育技巧都是那样自然和富有活力，教与学也就格外成功。

有时候，学生偷懒，上机时间不上机，跑回寝室睡大觉。月儿把他们叫起来，一个个押回机房，用软软的、悦耳的声音说："你们不好好学习，我就不让你们舒舒服服休息……"

学生不认真上机，却喜欢在周末到网吧打游戏、聊天，甚至一玩就是一通宵。问起来他们却不承认。于是，月儿开始在周末晚上九点后向寝室打电话——"遥控"学生。有一次，她将电话打到寝室，接电话的"光头"竟没听出来是班主任的声音，问："您找谁？"月儿随便提了一个名字："我找孙飞。""您是洛阳的吧！我马上叫他来。"他还挺热心。一会儿孙飞过来，一听就知道是班主任，问："老师您有什么事？"月儿带着浅浅的笑说："没事！就是想知道这'洛阳的'是怎么一回事！"孙飞怕老师误会自己谈恋爱，就实话实说："老师，那是一个网友。""你还说你不上网，不上网哪儿来的网友？"这一次他不好意思了："您放心，我以后再也不上网聊天了。"

从此，"光头"们知道老师随时会将电话打到寝室，再也不敢夜不归宿了。

俗话说：独木不成林。月儿老师要带好这班学生，必须有几个认真负责、团结向上的班干部来帮忙。而说到他们班的班干部，就不能不说马兵。

马兵自小练武术，文化课成绩较差，平时不苟言笑，但这并不影响他在同龄人心中的威信，他简短有力的语言总是很有号召力。这样的学生月儿自然要"收为己用"。如水到渠成一般，马兵成了班长。似乎是为了报答老师的"知遇之恩"，他比学校其他班长更严于律己。但要成为优秀的班干部，却还需要月儿的一番调教。

马兵是走读生，按学校规定可以不上晚自习。但是他不放心晚自习纪律，所以常常在晚自习下课后才回家。

有一天晚上，马兵在讲台上再次强调了纪律，"光头"们向善、向上的心又一次被激发，天使的琴弦再次被奏响，大家齐心协力要争创文明班集体。那天教室里便安静得出奇。这种出奇的安静持续到第一节自习课即将结束时——

一个"光头"打了一个喷嚏!

这个喷嚏来得如此突然,就像是喷嚏自己趁主人不留心蹦出来一样;这个喷嚏打得如此淋漓尽致,以至于听到它的学生无不感觉畅快无比;这个喷嚏又是如此惊天动地,简直就像在教室里爆响一枚炸弹。

于是同学们哄堂大笑。

马兵急忙喊"安静"!

然而,半大小伙子的笑哪里是说停就能停下来的?于是,有人开始怪声怪气地咳嗽。马兵不再说话。等笑声结束后,他把咳嗽的同学叫了出来。这时,下课铃响了。

第二节晚自习马兵没上就回家了。

月儿班里的4个女生虽然不是班干部,却和班主任保持着"统一战线"。马兵没有上第二节课,她们一致认为是同学们把班长气走了。第二天一早就交给月儿一封信,信中打喷嚏和咳嗽的事被描述得活灵活现。

月儿将马兵叫了出来。小伙子根本就没有生气,只是感觉纪律不错,便很放心地回家了(这就是男女生的区别)。月儿说:"咳嗽也许是装的,打喷嚏咱却是制止不了的,也不能制止。"马兵说:"可是他们都笑了。"月儿说:"你不觉得很可笑吗?我要是在场,肯定也会笑的。难道非要让同学们都怕我们才好?"马兵也不好意思地笑了……

月儿把怪声咳嗽的同学叫出来,笑问:"你昨天咳嗽什么呀?""光头"红着脸,答非所问:"班长昨天让我出来,我就出来了!"看着他那急欲表白自己的委屈样子,月儿怎么也不相信他在初中是出了名的"捣蛋大王"。

是啊!当我们不去过分注意这些孩子的文化课成绩时,会发现他们每一个都是那样率真可爱，文化课差点又怎样？谁敢说他们不是优秀的学生？

在月儿老师的指导下，马兵在班里的威信日益提高——

该上课了，几个"光头"将一名女生的书藏了起来。姑娘快要气哭了，"光头"嬉皮笑脸地赖着不给。马兵走过去，黑着脸说："把书给她！""光头"收起了笑，磨磨蹭蹭地将书拿了出来……

数九寒天，有学生不想跑操，在走廊上向马兵请假，马兵脚步不停，斩钉截铁地说："不行！"学生乖乖地去站队了……

这就是我们学校的"光头"学生女教师。

月儿像宽容的姐姐，马兵像严格的长官。宽容的姐姐有社会赋予教师的尊严，备受学生爱戴；严格的长官因是"光头"中的一员，更能有效地将同学们的心拧在一起。如此，电子班的班级工作开展得有声有色。

转眼间一学期结束了，"光头"们各方面都有很大进步，但是文化课依然不好，特别是作文，他们简直不知道如何才能把一件事情描述清楚。不过，期末考试时，"光头"们的作文成绩却很好，因为作文的题目是《为老师画像》。有三分之二的学生写的是月儿。虽然描写的角度不同，但在他们的笔下，班主任貌若天仙、才学过人。我们的月儿老师读着学生作文乐不可支，在讲台上说："你们的眼光有问题，笔下的女教师都是美女。看看这位同学写的：'班主任那双美丽的眼睛就像一只玻璃球。'我的一双眼睛都成一只玻璃球了，还美呀？""光头"们笑得前仰后合、捶胸顿足……

亲爱的读者，也许您正为学生的成绩烦恼。那么您不妨来看看我们的"光头"学生，他们有温厚的天性、善良的本质和一颗渴望成为好人的心，我敢肯定他们将来都是坚强的男子汉。您换一个角度看孩子，一定会有新发现。成绩差并不表示没有前途啊！

　　也许您正被繁忙的工作累得晕头转向，那么您不妨来看看我们月儿老师的精彩生活，看看她是怎样享受工作，怎样用自己安静、高雅的气质去感染学生的。无论多繁忙，她的心中都有一缕静谧的月光、一片嫩绿的春芽，这样的爱心显得真诚、轻盈、芬芳，容易被学生接受。当学生接受了她的爱时，自然会接受她所教的课。

　　让我们像月儿老师一样，身上散发出一种爱的气息，并以此影响学生、感染学生，让他们热爱生活、渴望进步吧！

二、理解、信赖

　　我到教科室找杨主任去。

　　这是一个温柔善良、认真负责的中层领导，也曾是我们学校优秀的班主任。

　　谈完正事，我们又一次将话题放在男生教育和女生教育的不同上。杨主任说："相比之下，我还是喜欢和男生打交道。他们心胸开阔，高兴了就表现出高兴，生气了就表现出生气。老师责骂他们，也知道是为了他好。男生的主要问题是行为习惯不好，自制能力差。培养的重点还是应该放在养成良好习惯上……"

　　杨主任在与男生的交往中显然是成功的。她理解男生，知道男生惹出这些状况，并不表明他们有多么坏。众多儿童心理学专家也认为，男孩爱冒风险、专断自负、斗殴竞争、争吵、自吹、喜欢出风头等倾向与他们自己的内分泌直接相关。他们更需要一些冒险的行为去释放自己的能量。

　　但是，为什么好多老师不喜欢带男生班呢？因为大多数男孩都喜欢爬上爬下，即使因此挨过好几次摔、受过好几次伤，他们还是会对这些冒险行为乐此不疲；他们喜欢搞破坏，会把所有屋子都搞得乱糟糟，却还意识不到自己的错误；他们喜欢打架和欺负别人，因此总需要父母或老师为他们收拾残局，不是送他去医院，就是送别人去医院……而安全问题恰巧又是学校最重要的工作之一。哪个孩子不是父母的心头肉呢？这就不免让多数家长、教师认为男生就是"麻烦"的代名词。

由此可知，只要我们能像杨主任一样去理解男生，"麻烦"一词，也就有可爱的内涵了。

价值观引领的"大"与"小"

我在引领学生价值观时，最常用的方法，是先在班会上与学生讨论，即大面积引导，防患于未然；然后在男生遇到状况后做"小范围谈心"。简言之"一大一小"。

我们先来谈"大面积引导"。

比如，我曾经召开过一个主题班会"天底下的三件事"。班会前播放了一个幻灯片，说：天底下其实只有三件事。首先，是自己的事：包括要不要学习，天气变化后要不要增减衣服，吃什么东西，开心不开心，要不要帮助别人等，凡是自己能主导的事情，都是自己的事情。其次，是别人的事：比如小张好吃懒做；小李来自单亲家庭；小刘对我不满；我帮助了别人，别人却不感谢，等等。凡是别人能主导的事情，均属别人的事情。最后，是老天爷的事情。比如地震、刮风、下雨、战争，等等。凡是人力不能解决的事情，都属于老天爷的事情。人的郁闷一般在于：忘了自己的事情，想干涉别人的事情，担心老天爷的事情。如此，我们要快乐开心很简单，只要打理好自己的事情，不去干涉别人的事情，不操心老天爷的事情，足矣。这只是静心在哲学上的诠释，知道这些内容，并不表明你能办到。所以，当我们烦恼的时候，要问一下自己：这件事究竟是谁的事，我应该怎样做调整？

课件放完，我们开始讨论。同学们稍一思索就知道了：写作业、认真听课、早上跑操等，都是自己的事情，不应该让老师、班干部整天催促着自己去干。每个学生都要学会为自己的未来负责。如果某个学生因为迟到、旷课、不学习受到了老师的批评，因受批评而郁闷，就要明白，这都是因为自己没有干好自己的事情所导致的。这也就是老师平时所说的"静坐常思己过"。

学生一边讨论、一边听、一边笑、一边点头。

接下来我们讨论哪些是"别人的事情"。同学们在这个环节，明白了一个人最大的个性，是尊重别人的个性，要允许别人和自己不一样。在生活中不要总议论别人如何如何不好。自己帮助了别人，也不能要求别人必须怎样感谢自己。因为，帮不帮，是你的事；人家感谢不感谢，却是人家的事，等等。

在学生讨论的时候，我谈到了自己3年前亲自处理过的一件事：班里有一个男生铺了一个花床单（可能是因为自己家里穷，没有适合男生的床单），同寝室同学看不惯，晚上几个孩子就把人家打了一顿，说看不惯他铺花床单的样子。但是，这些打人的同学打过别人，难道就开心了吗？首先是人家男生家长不愿意，其次是老师要批评他们。于是，他们痛苦、难过，感觉自己受到了挫折……但是，我们认真想想，他们不开心、不快活的原因是什么？

学生回答：是他们在不该干涉别人的时候，干涉了别人。

我说：对！人家怎么走路，人家用什么床单，关你什么事呢？生活中还有一些"长舌妇"，整天不干自己的正事，就喜欢坐在一起东家长、西家短地说别人的坏话。想一想，你说了别人的坏话，别人听到耳朵里，当然会对你有意见，会回击你一些更难听的话，你又怎么可能开心？

学生一边附和我的话，一边点头，深叹"宽容"和"兼容并包"的重要，理解了何为"闲谈莫论人非"……

班会继续进行，一个同学忽然站起来说："老师，按照您的说法，学习既然是我的事，那么我不好好学习的时候，我旷课、我迟到的时候，老师您就不能批评我。因为迟到、旷课是我的事，老师不能管别人的事。"

同学们一下子愣住了，他们本能地感觉到以上说法不正确，却不知道怎么反驳。

我暂且不回答，只让大家讨论。

过了一会儿，一个男生轻轻说："学习是我们自己的事情，但是管理班级、严格要求学生却是老师的事情。"就这么轻轻的一个提示，马上有反应快的学生继续引申："如果我们没有写作业老师也不管不问，那就是老师没有做好自己的事情，老师会受到领导批评，会引来家长不满，会导致班风不正，老师会更被动……"

我鼓掌说："完全正确。学习、值日、写作业、锻炼身体等，是你们的事情，但是要求你们认真学习、好好听课、写作业，积极打扫卫生等，却是我们教师和班干部们的事情。如果你做不好，我们却不要求、不批评，那才是我们最大的失职，是没有做好我们自己的事情。"

学生纷纷点头，豁然开朗——这样的讨论自然强过空洞的说教。

我们继续讨论第三件事情——老天爷的事。

有个同学举例说：有的人爱生气，连老天爷的气也生。比如，今天他想去逛街，希望天气晴朗。但是，一早起来，就发现天空阴云密布，转眼间下起了淅淅沥沥的小雨，他很生气。他生老天爷的气了……马上又有同学说："今天早上某某还生老天爷的气呢！因为他想睡懒觉，他希望天下雨，就可以不跑操。但今天是大晴天，他起床的时候气急败坏……"

所有学生都开始笑，纷纷说这就是自寻烦恼。

我也笑着说："有时候，我们很努力，成绩也很优秀，偏偏没有机会成名。或者因为我们生在河南，人口众多，考大学压力很大，有的人就开始怨天尤人，感觉自己倒霉，似乎天底下谁都对不住自己……但是，你目前改变不了这样的现状，生什么气呢？真正能得到快乐的，是做好自己的事情。

……

这次班会召开得很成功。这属于典型的大面积引导，同学们对"天底下三件事"理解很透彻，后来常常运用于生活中。

比如，我们班男生小鹏苦苦追求女孩子小远，小远偏偏就不喜欢他。有一次小远和别人闲聊中说，感觉小鹏还不如自己的同桌小涛成熟。小涛听说后惊喜异常，跃跃欲试要追小远（其实他并不爱小远）。小鹏知道了悲痛欲绝，大受打击，到校外小饭馆喝了两瓶啤酒，回来便找小涛，声称要切磋武艺……

我在第一时间得到"情报"，首先要制止"战争"，便把小鹏叫到办公室，认真倾听他的苦恼（倾听是帮助小鹏宣泄郁闷的最好方法之一）。

小鹏一边抹眼泪一边说："从新生入学开始，我就喜欢小远，我追小远都追了好几个月了。老师您看，我不是胡闹，我用情够专一了吧！但是小远竟然不喜欢我，还说我不如小涛……"

我一边表示理解，一边娓娓劝说："小鹏长大了，小鹏是讲道理的好孩子，老师要赠送你一句话：你爱谁，你恨谁，是你的事情，和人家无关；谁爱你，谁恨你，是他（她）的事情，和你无关。也就是说，你喜欢小远，是你的事情；小远喜欢不喜欢你，是她的事情。你不能要求小远必须喜欢你。你看你的烦恼来自哪里？"

小鹏忘记了擦眼泪，低头嘀咕说："我的烦恼是因为，我想干涉小远，让小远喜欢我。我是在管别人的事情。但是……"小鹏忽然抬头问："小涛呢？小涛是我的好哥们儿，平时他没钱了我还给他买饭、买零食，他知道我喜欢小远，他怎么能追求我喜欢的女孩子呢？"

我说："你追小远，她同意了没有？"

"没有。"

"那就是说，这个世界上所有未婚的男子都可以追求她，是吗？"

"是的。"

"这个未婚男子里，就包括你的好哥们儿小涛，是吗？"

"是的。追不追小远，是小涛的事，老师，我还是不该管别人的事……"

一场战争就这样在"小范围谈心"里平息了。现在小鹏、小远、小涛和睦相处，都没有谈恋爱。

有的老师也许会纳闷：李迪的学生怎么什么话都跟她说，怎么连追女孩子的话也不隐瞒老师？

其实，学生在成长中有太多困惑、无助，当我们真正平等地去和学生探讨如何健康、快乐成长的时候，当我们不再动不动就批评学生的时候，他们是愿意将心事告诉我们的。我们班学生确实经常约我，主动要求和我谈心。因为我从不居高临下批评他们这个不对，那个不是。甚至学生说自己爱上了某某，我也会百分之百相信他们的纯洁真诚，然后再逐步引导、探索该不该爱，该怎样爱，等等。

"天底下三件事"只是一个班会，是一次大面积引导，却在小范围谈心中经常被我运用到。

再如，我们学校规定每天晚自习后，值日生要拖教室地板，包括走廊（因为白天上课人来人往，刚拖了的地板很湿，容易被踩脏）。有一天晚上9点多，我接到了某寝室长的电话，说："老师，今天晚上两个值日生没有拖走廊的地板，我刚才已经替他们把地板拖了，明天的教室卫生不会被扣分，但这件事情您应该知道……"

第二天早上，我把没有拖地板的两个男生叫出来，问："昨天值日了吗？"

答："值日了。"

"地板拖了吗？"

一个回答："拖了。"我不说话，只用很真诚的目光看他们。片刻后，另一个男生回答："我们没有拖走廊的地板。"

我点头："是的，你们没有拖走廊地板，但是咱们班不能因为你们的失职被扣分，有一个班干部在检查卫生值日情况的时候，替你们拖了地。你们应该感谢这个班干部。同时，我要批评你们俩，并根据班规惩罚你们。现在你们想一想，你们挨批，你们心里不快乐，原因在哪儿？是谁的事情没做好？"

两个学生一起回答："我们没有把自己的事情做好。"

我问："这个班干部做得怎样？"

"他尽到了班干部的责任，还替我们值日，他做得很好。"

我点头："如果我知道了你们没有拖地，却不批评你们，你们感觉我做好自己的事情了没有？"

"如果不批评我们，以后还会有人不认真值日……"

事情就在这样的讨论中结束了。有时候，我听别的班主任说自己班的同学孤立了班干部，认为班干部是"奸细"，总向老师告密等。其实，当全班同学都明白，自己挨批是因为自己的事情没做好，而班干部发现问题及时向班主任汇报，是在做他本职的工作、分内的事情，也就没有人怨恨班干部，更不会有人不满老师的批评。

再如，我们学校规定了不准学生戴首饰，但是有一天早上，学生会干部却发现我班男生小西手上有一枚戒指，便说："请把戒指取下来。"这本是极礼貌、极正常的一句话，小西却感觉没面子了——青春期孩子的面子问题一向是个大问题——用全班人都能听见的声音嘀咕："就你眼尖！"我忙制止："小西，你怎么说话呢？人家的建议是正确的。"

小西说:"他算老几,连他也管我?"

我说:"他是学生会干部。"

小西说:"学生会干部也是学生。"

我说:"学生会干部在和你玩的时候,是学生,但他现在是在代替学校执行校规。你戴戒指不符合校规,他的建议是正确的。"我将目光投向同学们:"你们说小西现在的苦恼根源是什么?"

学生纷纷回答:"是他没有遵守校规。"

小西知道自己理亏,却说:"你们说得对,但我也可以有自己的观点吧!"

我说:"你当然可以有自己的观点,但你的观点是错误的,所以你现在不但被学生会干部批评,还被老师和全班同学批评。"班里学生纷纷露出了笑容……

我这句话涉及了另一个班会"追求阳光心态"的内容,在那个班会里,我们谈到了心理学中艾利斯的"合理情绪疗法",同学们都知道,很多时候我们情绪的困扰不是因为事件的发生,而是因为自己有不合理信念。当我们改变了自己不合理的信念,就不会过于郁闷。那也是一个大面积引导的班会。所以,在小西顶撞学生会干部的时候,我一提醒,大家就会心地笑。

正值青春期的男生逆反心强,他们内心要求平等,他们渴望体验获得真理的愉悦。班主任遇到学生犯错,只一味批评、惩罚、说教,学生必然不服气,远不如这样在班会课上引导后,遇到事情结合引导过的话题,与学生一起分析、探索。何况,在学生犯错后,老师只是引导他探索如何更健康、更快乐,这样的谈心学生自然不反感;这样的班级往往弥漫着平等、尊重、理性、自主。学生能时时体验到探索真理的乐趣,班风会越来越正。班级管理有了科学的成分,老师便不再忙乱,解决问题学生的问题,思路也会更清晰。

三、寻找学生的兴趣点

十年前，坐在我面前的李老师，堪称标准的都市阳光男孩。现在他当了班主任，又为了人夫，理所当然就有了成熟男人的沉稳风采。

但是，他现在难得悠闲了。他带的班级很棘手，原因是班里 68 个学生，竟有五十多个男生。

"听说你今年的班主任生活很精彩。"我如此开场。

他笑着点头："是的，我接这个班才两个月，就领教他们的厉害了。其实，早在接班前，我就听说这个班里有几个很刺儿头的男生。"李老师很健谈，不用我提问，自己就说起来。

"女生没有捣乱的吗？"

"只要班级里男生占多数，女生多少会收敛一些，她们的问题可以靠后排。现在班里刺儿头的男生有十几个，主要麻烦都出在他们身上。"

"他们是一个'团伙'的吗？"

"不是。他们是两三个人一个小团体。"

"这些孩子没有联合起来对付你，已经是不幸中的万幸了。"我开玩笑说。"你感觉这'小团伙'之间是什么关系？是相互依存？还是互不干涉？或者是别的？"

"估计他们是互不干涉。他们不是同时违反纪律，而是今天这两三个人旷操，明天那两三个人上网。但是，只要第一节课有两三个人旷课，老师又没有追究，另外几个'团伙'就会跟着旷课。其他好学生，在上第三节课后也会跟着旷课。前一阵子，有一节课竟然只剩下了 20 个人，把我给气坏了。"

"呵呵，这叫'跟风式'违反纪律。班级的多数学生是在观望，班风好，他们会积极上进；班风不好，他们会跟着捣乱。这样的事情，你怎么解决？"

"还是抓住领头的批评他们。每个'团伙'里都有主心骨。说实话，这些孩子在初中就没有好好上过课，现在我们又能怎样？只能和他们'约法三章'，比如一周内违反纪律不能超过几次，超过了违纪次数，就要受到什么处罚，等等。"

"有用吗？"

"只要老师说的话能算数，还是有用的。"

"在这些学生里，有没有你转化'问题学生'比较成功的案例？"

"有。比如，有一个孩子的基础其实不错，但总是无心学习，连续旷课，我没办法，只有把他的家长叫来，并告诉她说：'孩子不适合在这里上学。他整天游手好闲，这不是荒废青春浪费钱吗？'但孩子的妈妈也管不住他，母子俩根本就无法沟通，孩子看见她就哭喊，说不要花他们的钱。我一看那情景，就意识到这个家庭是有问题的。但我万万没想到，孩子的妈妈在临走的时候，忽然朝我外套兜里塞了一下，我一看，她塞的竟然是钱，我马上拒绝。"

小李停顿一下，喝了些水。我问："后来呢？"

"后来，我当然把钱退给她了。家长走后，我顾及孩子的情绪，也不主动问他的家庭情况，我看他计算机基础不错，打字挺快的，后来只要有了什么事情——无论公事还是私事，都叫他帮忙。他很有兴趣，特别热心，还对家长说：'我们老师这段时间一直为我开小灶呢！'其实，我只是让他帮我的忙，但他现在和我的关系确实比较近了。"

看起来，有时候让学生帮老师的忙，的确能拉近师生关系。因为，每个人都希望自己在他人眼里很重要，希望自己被需要。帮助一些"问题男生"成长，是否可以从这里入手呢？

我想起了自己曾经看过的一部电影《唱诗班男孩》，讲的是一个音乐教师和一群"淘气大王"交往的故事。主人公认为，适当地"放养"有助于培养孩子的学习兴趣，关键是要让他们树立信心，相信自己。他的秘诀是在孩子惹麻烦之前抓住他们的心。他擅长发现每个孩子的兴趣点，并利用这个兴趣点把孩子吸引到自己身边。他成立了一个合唱团，由此将最为棘手而嗓子条件又最好的孩子，也转化了过来。

我的同事李老师，也是抓住孩子对计算机感兴趣这一点，让他为班级做事情，从而拉近了师生间的关系。所以，陪伴男生成长，最主要的是：要让孩子们明白，"天生我材必有用"，总有一个地方他可以取得成功。

一旦抓住了孩子的注意力，接下来就要让他们相信，他们能够在那一领域有所作为。年轻人渴望得到认可，他们希望听到"你是重要的""你会成功"等话。所以，陪伴男孩子成长，最关键的还是要帮助他们寻找兴趣点。

以上是我的同事李老师的做法。而我在带男生的时候，最喜欢的，是给他们写信。信的主题五花八门，男生对什么话题感兴趣，就谈什么。其中有励志的、成长的、创业的等，比如关于青春期懵懂的信的标题有这些：

1. 爱她，就别伤害她

2. 别为面子折磨自己

3. 拒绝爱，切勿拖泥带水

4. 那不叫豪爽，也不叫潇洒

5. 这绝不是责任心

6. 不做螃蟹做英雄

7. 别把粗、痞、狂、俗、侃当成男子汉的标志

8. 别挤青春美丽痘

9. 别开错了那扇窗

10. 别因无知亏待身子

其中，男生最喜欢的一封信是"男人味儿是什么味儿"。

男人味儿是什么味儿

同学们：

你们才上高中，当我开口称你们为男子汉时，你们可感觉到了骄傲、自豪以及身上肩负的担子？

或许你们认为自己还是个男孩子吧！但是，你们怎么忽一日发现世界变小、变矮了？忽一日发现爸爸不再像以前那么高了，妈妈也似乎比童年的记忆里更柔弱，老师并非无所不知，就连小时候常常被你骑坐的那个印象里很高大的木马，怎么也越来越玲珑小巧了？

我的弟弟们，你们确实长大了。从今以后你们与妈妈一起外出，你们要承担起保护妈妈的角色——尽管你们的肩膀尚稚嫩，但我和你们的家长多么希望你们迅速成长为真正的、很有男人味儿的男子汉啊！

现在，我们就来谈一谈什么是男人味儿，好吗？

真正的男子汉必然充满男人味儿，男人味儿是优秀的成熟男人身上特有的气质，是成熟男人综合素质的一种散发。男人味儿是在不经意的磨炼中点滴积累的。比如苏轼，他既有淡泊名利的一面，又有积极进取的一面，达则兼济天下，穷则独善其身。高居庙堂就不畏权贵，为国出谋划策；被贬民间就恬然隐退，竭尽全力为老百姓办事情。无论在怎样的情境下，他都有"也无风雨也无晴"的乐观和洒脱。这洒脱是骨子里散发出来的东西。是说不清楚，却可以感觉到的东西。是让女孩子心动的魅力，是让男同胞诚服的气度。

我很希望你们能向苏轼学习哦！

你们不要说自己还在上学，还不能谈男人味儿。我只是希望你们有这样一个努力的方向。何况，男人的成熟与否和年龄不成正比。成熟的表现是处变不惊，举重若轻。不世故，不拘谨，任何情况下泰然自若，张弛有度。有的人 60 岁了，还对权贵奴颜婢膝，还对邻居落井下石，还为一点小事和毛头小伙子大打出手，这就谈不上成熟，更加不算有男人味儿。有男人味儿的男人必定是有尊严的男人，一身铮铮铁骨，没有什么可以让他屈膝低头。在该入世的时候积极做事，在该出世的时候，快乐隐退、宠辱不惊、潇洒自如。

现在，你们可明白了老师为什么让你熟读背诵唐诗宋词、《论语》《道德经》？我是想让你们接受中国历代文人积极上进又潇洒的气质熏陶啊！

同学们，有男人味儿的男人必定是有血性的男人。没有血性的男人，根本就不是真正的男人。血性，是勇气、果敢、正直、正义感的综合体现，也是雄性本身的野性、战斗精神和永不气馁、绝不服输的精神。比如你们所熟悉的豪放派词人辛弃疾，他绝对是书生和百夫长的超完美结合。在这里，我很乐意花些笔墨，与你们分享一下辛弃疾的英雄故事。

辛弃疾出生在五代两宋之间，正值战乱年代。辛弃疾 22 岁的时候，看到北方沦陷区在敌人铁蹄践踏之下，便带领青年忠义之士两千多人，组成了义勇军。山东有一个叫耿京的农民，也组织了义勇军，有十万多人。辛弃疾就率领自己的部队投奔了耿京。后来，耿京的部下张国安为了自身富贵，把耿京杀死，投降了敌人。辛弃疾的根据地因此失去了。如果是一般人，也就无可奈何了。但辛弃疾乃有勇有谋的英雄豪杰，他听到耿京被害的消息，就带领了一批人马冲进敌营。张国安正在那里与金人饮酒庆功，辛弃疾冲进去，活捉了张国安，却没有立即把他杀死，而是把他带上马来，连夜押到建康城，在自己的士兵面前把他斩首，这是何等的英雄气概？他的部下怎么会对他不服？又有谁还敢卖国求荣？

有男人味儿的男人必定是有智慧，有思想的男人，他有丰富的阅历，缜密的思维，大度的胸怀，对人生有自己的看法，对社会有自己的理解，不偏激，不抱怨，不消极，永远追求进取。我们再谈辛弃疾，他一心想收复失地，他到湖南为官后，组织了"飞虎军"，花费了不少钱修建军营，无奈南宋有一批苟且偷安、醉生梦死的人，却说辛弃疾训练军队太浪费。于是南宋皇帝给他下了金牌，诏令他停止训练。金牌是很重要的，当年岳飞带领军队抵抗金兵，马上就可以直捣黄龙，可是几道金牌下来，岳飞就不得不俯首听命，撤兵回来，在秦桧的陷害下被杀死。而辛弃疾做得很妙，他把皇帝的金牌藏起来，不发布。此时军营即将完工，只是缺瓦，他便下了一道命令，要求所辖居民都从自己的家里或水沟上揭两片瓦交上来，这样他的飞虎营就建成了。他对皇帝说：你的金牌我收到了，我的飞虎营已经盖好了……这就是英雄气概男人味儿，有谋略、有胆识、敢作敢为的辛弃疾，比岳飞要高明一筹吧！

有男人味儿的男人必定是有责任感的男人，社会责任、家庭责任他全部承担，朋友间的兄弟义气他也兼顾，对自己的错误勇于承担后果，不为失败寻借口，不给错误找理由。不求人人理解，但求无愧于心。一诺千金，诚信待人。

我们再来谈谈书生英雄范仲淹。

九百多年前，就在我们河南邓州的花洲书院，夜风轻拂。有位老者正在灯下疾书，他须发皆白，长衫朴素。他就是北宋名臣范仲淹。

许多人都知道《岳阳楼记》，却不一定知道这篇传诵千古的《岳阳楼记》就是这个夜晚，距范仲淹去世尚有六年之际，在贬居地邓州一气呵成写就的。毫不夸张地说，这篇气势磅礴的《岳阳楼记》就是他一生的自我总结，淋漓尽致地展现了他的才华造诣、理想抱负。其中"不以物喜，不以己悲""居庙堂之高则忧其民，处江湖之远则忧其君"的经典词句，则是他一生为人的真实写照。

　　《渑水燕谈录》上记载着如下故事：范仲淹在饶州做官时，有一天与同僚下属登楼宴饮，刚刚举杯，忽见几个身穿孝服的人在整理葬人的用具，他忙叫人去问，原来是一位客居本地的穷书生新近病故，朋友们想把他葬到近郊，但下葬的物品一件皆无。范仲淹听罢潸然不语，再也吃不下去，遂令撤掉宴席，并拿出许多钱叫人厚葬这位书生。

　　罢宴、赠金，算不上什么造福民生的大功大德，但贵为一方之守的范仲淹居然为一名穷书生的不幸而情恸如此，时隔一千多年，至今读起，那体恤民生多艰、心系百姓疾苦的道德风范、人格魅力，依然令人仰慕不已。

　　历史上从来不缺指点江山的人物，但是做实事并且能做成的人却不多。范仲淹三十五岁时就做了兴化县令，他在任上看到当时海堤多年失修，农田民宅屡受海浪威胁，他毅然请命带领军民修筑了如今南通至连云港一带的防海堤，泽被后世，为老百姓怀念，他主持修建的防海堤被称为"范公堤"，至今仍有局部遗迹犹存。

　　范仲淹集"文、儒、将、相、师"于一身，政坛上，他屡经沉浮，却不改其直谏之志；文坛上，他独树一帜，一扫当时花间词浮靡之风，开豪放派风气之先；军界中，他五十多岁时临危受命，守边练兵，敌人闻风丧胆。

　　这是一个真正能顶天立地的男人。他的成功，只能用天才来解释。近代有一个李叔同，虽集书画家、音乐家、高僧于一身，但也远远不可与他相提并论。

　　说到书生英雄，我们不能不提及谭嗣同。

　　谭嗣同也是真正的书生，他曾青灯古案，埋头苦读；也曾"三杯拂剑舞秋月，忽然高咏涕泗涟"；也曾竭忠尽智谋求强国；也曾"西陆蝉声唱，南冠客思深"。即使身陷囹圄，依然指点江山，保持书生意气，英雄本色。临终，谭嗣同对梁启超说："各国变法，无不从流血而成。今中国未有因变法而流血者，此国之所以不昌也。有之，请自嗣同始！"此音出口，闻者怒发冲冠！无边落木萧萧下，一介书生就在慷慨悲歌中一去不复返！他激励了多少人为驱胡虏，匡复中华披肝沥胆，蹈死不顾！他让多少人痛吟"出师未捷身先死，长使英雄泪满襟"！这样的书生怎能不是英雄？

五千年的历史长河中有很多为民请命，敢于负责的人，鲁迅把这些人叫作中国的脊梁，范仲淹、谭嗣同，还有前面提到的辛弃疾、苏东坡都无疑是其中的一分子。

如果有人问我，你心目中的英雄和真正男子汉形象是什么？我会不假思索地回答："是书生！"我敬佩那些有胆有谋有知识的书生，他们的头发是冲冠的，他们的思想是清澈的，他们的眼神是犀利的，他们的形象是崇高的。我希望你们熟读诗书、好好学习，因为我希望自己的学生能成为这样的书生。

总之，有男人味儿的男人应当是爽朗豪放的男人，爽朗中不失缜密，豪放中不失柔情。外在的冷峻面孔下包藏着火一般滚烫的心。什么事都拿得起，放得下。快意泯恩仇，决不睚眦必报。做事但求大体，不拘小节，绝不斤斤计较。不会因为他人批评几句，就郁闷三五天；也不会因为偶尔的失利，就灰心丧气，一蹶不振。

有男人味儿的男人必定是有幽默感的男人，幽默是智慧的表现，幽默是聪明人的语言游戏。幽默而不低俗，风趣而不露骨，妙语连珠，妙趣横生……这需要你多读书，读好书，否则你说出的话没有新意，谁爱听呢？或者你的话根本就是废话，没有意义，又怎么去拥有幽默、风趣和智慧？

同学们，最后我要说，有男人味儿的男人必定是体形健美，精气神十足的男人。力量与灵敏并存，威猛中不失儒雅，他们不会连夜上网不睡觉，让自己面带菜色；不会早上睡懒觉不锻炼，长一身肥膘；

更不会劳顿班主任——有时候还是女班主任啊——跑到寝室里大呼小叫催促自己起床。因为他知道学习是自己的事，锻炼是自己的事，成为一个有男人味儿的男人，更是自己的事。

怎么样？你们有没有信心成为苏东坡、辛弃疾、范仲淹、谭嗣同这样的男人？告诉你们，有男人味儿的男人才是真正的男人。只有在真正的男人身上，才会散发出男人的味道！这需要你们一辈子的努力哦！加油！

第六章

爱情教育奏鸣曲

——『早恋』是拉近师生关系的契机

这是一个不老的话题——早恋。

从家长到教师，从社会到学校，一提起学生早恋，无不战战兢兢如履薄冰。其实，每一个孩子都有青春期的性萌动、性躁动、性紧张，从生理的层面上讲，早恋的存在有其合理性，围追堵截显然不明智，但我们也决不能因此鼓励、支持学生早恋。所以，老师防止学生早恋的重点，应该放在对学生进行健康的感情教育、自尊教育、自爱教育、幸福观教育上。这比消极地躲避话题，被动地"头疼医头，脚疼医脚"，或生硬地围追堵截要好得多。

我认为，既然学生的心理发展是有规律的，我们对他们的爱情教育，便可以按照学生心理发展的规律来进行策划、设计。让爱情教育成为贯穿三年（比如高中三年）的系列活动。让学生感觉到我们的真诚和善意后，教育将有事半功倍的效果。

一、第一学期：主导班级舆论

班级里出现大规模早恋现象，是非常棘手的，也是常见的。在有的班级学生心中，谈恋爱是正常的，不谈恋爱倒感觉另类，甚至要被别人看不起。为避免这样的情况出现，老师要善于捕捉契机，通过组织活动、讨论谈心等，主导班级舆论。

下面的案例，是新生入学后第一个月发生的事情。

9月24日　　晴

遭遇爱情

在寝室长会议上，我得知班里许多女生被外班的男生爱慕。有的男生已经开始行动，比如，他们看见女孩子来买饭了，便把饭卡递给伙房师傅，说："刷我的卡，她买饭，我掏钱。"或者人家正吃饭，他买一个三角饼，或者烤肠送过去，请女生吃。我当时听了，忍不住趴到课桌上笑，说："咱们学校的男生可真逗！追求女孩子，竟然给人家送饼送烤肠，这也太不浪漫了吧！"

其实，因为我们学校只有星期六下午和星期天才允许学生出校门，校园里又没有商店，这些男孩子要对姑娘表达好感，只好在食堂行动。我是能够理解他们的。但我偏偏要这样说，学生便很惊诧——她们感觉我一听早恋一词，就该焦虑万分的，我却只是嘻嘻哈哈开心地笑。这一笑，就把师生间的代沟笑没了。同时，我的言外之意是，这些男孩子送饼送烤肠，太没情趣了。轻轻一句话，暗示学生：这样的追求方式不是我们需要的，好让她们把眼光放高些，不为眼前的小恩小惠打动。

据说，女孩子们目前确实没有动心。

我嘱咐寝室长今天晚上在寝室敞开来谈一谈，话题有：一、将来我们应该找什么样的男朋友？答：当然是优秀的，最少要有一技之长、有责任心、能养家糊口。那么这样的男孩上学期间必须刻苦努力，是没有时间谈朋友的。现在就想谈朋友的男生，一定不会好好学习。二、将来我们怎么才能找到优秀的男朋友？答：将来，优秀的男孩也在挑选女朋友，我们必须有良好的行为习惯、才华出众、气质高贵、举止优雅，才能在众多女孩中脱颖而出。那么现在我们是没有时间谈恋爱的，应该把最美好的感情献给最值得我们爱的人。

我将答案重复了两遍，并举了一些例子加深寝室长们的印象，要求她们晚上一定要以此引导谈论的方向。

但愿这席话由学生自己谈论出来，比我在台上说出来效果好。

10 月 7 日　　晴

预习爱情

今天是"国庆"长假的最后一天，晚自习时，同学们见面格外激动，现在让她们静心学习是不可能的。想起来放假前外班男生追我们班女孩的事，我已经让大家在寝室里讨论过了，但不知讨论结果怎样，不如就此引起话题。

我很随意地开始了自己的发言：

"同学们去过泰山吗？"

"没有！地理课上学过，被称为'五岳之首'呢！"

"如果有机会，你们是否愿意登泰山？"

"愿意！五岳归来不看山嘛！泰山一定很美！"

我点点头，班里气氛活跃起来。

"那么，如果有机会，你们愿意游黄山吗？"

"当然愿意了！黄山归来不看岳，想必黄山更壮丽。"

"但是，如果让你们攀登珠穆朗玛峰，你们敢吗？珠穆朗玛峰可是很高的。"

同学们不敢贸然回答了。一会儿，有学生犹豫着说："那要看我的身体素质了，如果身体素质好，我一定会去试一试的。"

我说："是啊！泰山壮美，我们人人向往，有机会一定会去游览；黄山秀丽，有机会更要去欣赏；但对珠穆朗玛峰呢？我们不是不想去攀登，但去之前要考虑一下，身体素质是否够好，能否征服它。许多人考虑之后也就知难而退了。"

接着，我将话题一转，笑道："听说，有外班男生对我们班女生产生了爱慕之心。"

有学生开始窃笑，被追的几个女生却忐忑不安。

我又笑说："这也不是什么坏事，爱美之心人皆有之嘛！这至少说明了咱班的女孩很可爱，比较优秀。"

同学们不由一愣，没想到我会说出这样的话。

我肯定地点头："是的！我说的是这些女孩子很可爱，就像泰山和黄山一样，美的事物人人都想拥有，都想征服。但是，这些追求者的素质良莠不齐，而我们一生只有一个人是自己的另一半。这样，就让我们很难挑选，究竟哪一个最好、最适合自己。同时，这也说明了你们优秀得还不够，如果能像珠穆朗玛峰一样，让爱慕你的人在追求你之前先思忖一下，让不优秀的人知难而退，大家选择自己的另一半，岂不更容易些?"

学生入神地听着，她们也许从未从老师嘴里听过这样的理论。我这席话首先肯定了被追求的女孩很可爱，避免激起孩子的逆反心理；同时又说没有被追求的同学也许是更优秀，免得一部分学生看别人有人追求就羡慕。我看全班同学都听进去了，便开始了下一个环节，让学生自由谈论在寝室里就讨论过的两个话题：第一个是，将来要找一个什么样的男朋友?

我的话题一出来，就遭到了一部分同学的反对："老师，我们从没想过这个问题。"看来她们在寝室没有深入探讨。

我惊奇："你真的没想过这个问题吗？若真的没想过，现在就快点想。那爱情要降临的时候，是不会预先和你打招呼的。人的一生啊！说白了就两件大事：一、婚姻。二、事业。"

看学生开始窃窃私语，我松了一口气，问谁先说，大家推选伊梦，如果她说不全，同学们再一起补充。

气氛更加热烈了，姑娘们开始畅所欲言。

答案是：1. 要有责任心，有一技之长，能养家糊口；2. 孝敬父母、有修养、有才华、会办事；3. 要爱家，稳重、大方、会关心人，和自己有感情、能吃苦；4. 个子要高，要帅，性格很幽默等。

我把答案一一写在黑板上，说："这样的男人可不多。我们学校的男生里有没有啊?"

"没有！"

"对！我不是说咱学校的男生以后一定没有这么优秀，但我可以肯定他们现在还没有这么优秀。如果他们现在就一心想着追女孩子的话，就永远都不会有这么优秀了。"

我又一次念了一遍答案，疑惑地说："大家的条件可真够高的！有没有回旋的余地啊？"

学生纷纷说："我们当然知道人没有十全十美的，到时候会酌情去掉一些条件。"

我说："那么，在这些条件里，哪些是不能去掉的？"

学生众说纷纭，不能统一，转而问我。

我说："我认为除了善良外，最主要的是有一技之长。"

学生："难道一技之长比爱还重要？"

我点头说："一技之长非常重要！在心理学家马斯洛的需要层次论中，人的需要分五个层次，分别是：生存的需要、安全的需要、社交的需要、尊重的需要和自我价值实现的需要。在这些需要中，第一个就是生存的需要，同学们不要把未来想得有多浪漫，人首先要有吃有喝才能有心情浪漫，这就要求我们那另一半必须有一技之长，能养家糊口。但是，怎么才能拥有一技之长呢？"

我把问题抛出来，学生静了几秒钟，林丽说："现在我们正是掌握一技之长的时候，只有现在认真学习了，将来才有可能不使自己和家人饿肚子。"（她上次参加了寝室长会，所以答案很合我的意。事实上，在学生讨论某问题前，老师很有必要先用自己的观点影响一些品德良好的同学，让她们帮老师引导班级舆论。）我大加赞赏："所以，对那些现在就对你说甜言蜜语的男生，分明就是对自己、对家人不负责任，更不会拥有一技之长。"

感觉到学生都接受了我的理论，我们开始第二个话题。我说："我们想找的男朋友这么优秀，同学们说他的身边会不会缺乏女孩子？"

"不会！"

"是啊！我们应该有怎样的素质，才能配得上他呢？"

大家又开始讨论，一会儿就有了答案：1. 我们必须有责任心，勤劳善良、善解人意、孝敬父母；2. 温柔大方，有修养，素质高，有一技之长；3. 举止优雅，自尊、自爱、自强，能吃苦等。

我拍手笑道："好！好！我们有努力的方向了！首先要对自己负责，每天都要认真学习，将来才能有一技之长；要有修养，不能在公众场合大叫大闹，更不能打架、骂人；要勤劳，早上起来把床铺整理好，认真值日；要气质高贵、举止优雅，不能高兴了对谁都笑呵呵的，不高兴见谁都瞪人家一眼，让人家也不高兴。这需要我们从各方面提高自己呢！"

当我说这些话的时候，同学们也不断地补充，不时发出会心的笑声，还指着有这些毛病的同学笑。

至此，我知道自己的讨论目标达到了。

二、第二学期：帮助学生控制自己

我们在第一学期展开的"预习爱情"讨论是非常理智的，但人的感情和理智总是对立的，那样的讨论不能保证情窦初开的女生以后就不被追求、不再动情。

一般来讲，在第二个学期，春暖花开的时候，是学生容易动情的季节，我又随机发表了一番演说，目的是想让学生学会控制自己。

3月18日　　晴

桃　花

早上一进教室，我就发现讲台上有一束含露乍开的桃花，插在一个矿泉水瓶子里。我拿着花仔细端详，深深吸气，作陶醉状："好香、好美！谢谢你们送花给老师。"学生马上两眼放光——她们也许不是要送给我的，但我故意这样说——又笑问："这是谁采的？"同学们马上意识到了"环保"问题，纷纷说："是在路上捡到的。"我点点头，转而感叹："这是哪位爱它的人害了它呀！本来，它长在枝头，备受阳光的照耀、雨露的滋润，再过几个月，它将长成色、香、味俱全的桃子，来年依然在枝头吐出花蕾，用美装点大地、将果实送给人类。然而现在却被爱它的人采下来，几天后就要香消玉殒。将美的事物毁灭给人看，这不是悲剧是什么？"

我这样一说，学生马上被打动了，我用发自肺腑的声音继续说："我知道第一个将女子比作花的人是天才，第二个是庸才，第三个就是蠢材，但我依然要把你们比作花。你们刚满17岁，就像这束花一样芬芳美丽，人见人爱。但千万不要让爱你们的人害了你们。现在的美是父母给的，随着年龄的增长，难以持久。如果你们保持着纯洁的心灵，温厚的天性，再用知识武装头脑，用才学提高气质，你们将来会光彩照人、更加美丽。古人云：书中自有颜如玉。用到我们女人的身上就是，读书能让我们保持永久的魅力。所以，万不可为了爱荒废学业。"

"在17岁的花季，对异性产生好感很正常，过分亲密地接触却为时过早。有人说：距离产生美。我却认为，暗暗的思恋更能产生美。暗恋不仅会感觉对方越来越美，还能让自己为自己的纯洁高尚而感动，从而净化自己的心灵。在我像你们这么大时，非常喜欢一首俄罗斯民歌《红莓花儿开》。"我唱给学生听：

田野小河边，红莓花儿开，

有一位少年真使我心爱，

可是我无法向他表白，

满怀的心腹话儿没法讲出来。

他对这件事情一点也不知道，

少女为他思恋天天在心焦，

河边红莓花儿快要凋谢了，

少女的思恋一点也没减少。

少女的思恋天天在增长，

我是一个女孩怎么对他讲，

没有勇气诉说我尽在彷徨，

让我的心上人自己去猜想。

　　歌曲唱完，学生已经被感动了。我感叹："多么纯情的少女，多么美妙的初恋，至今我还为她的情怀感动。老师希望，你们也像她一样纯洁可爱，也像她一样善于控制自己。"

　　"有时候，我感觉爱情就像一枚柿子。成熟的柿子甘美芬芳，十分可口；不成熟的柿子即使色泽诱人，咬一口也是苦涩难咽。所以，我劝你们不要去品尝这些不成熟的爱情果实。"

　　停顿一下，我重新打量起了桃花："回过头再来看这束花，离开了生命的枝头，却被爱它的人狠心扔在路边。倘若遇到怜香惜玉之辈——比如我们班的同学，它还有一点观赏的价值。倘若运气不佳，躺在路上不但无人问津，只怕还要受万人践踏，这是何等可悲可叹之事。事实上，历史上对爱情、对女人始乱终弃的男人还少吗？第一个把女人比作花的人果真是天才！有多少貌美如花的女子痴心于爱情，荒废了学业，失去了追求，最终却被抛弃？有一个公益广告说得好：'爱它，就要给它自由。'这里的'它'指的是笼子里的鸟。我却要说：'爱她，就给她生命。'这里的'她'指的是枝头的鲜花，也是花季的少女。

"前天，我在阶梯教室的桌子上，看到一段话，大约是一位很苦恼的女孩写的：'有名男孩爱上了一个女孩，但女孩只把他当一般朋友看。男孩却不能释怀，很痛苦。女孩该怎么办？'后边有人答：'答应他！'我却认为不妥。

"当然，我不知道这位女孩是否是我们班的同学，只是感觉你们也许有类似的遭遇、类似的困惑。那么，你不妨把我以上说的话告诉那位男生。他如果真的爱你，自然不会再来打扰。因为你已经告诉他暗藏心头的爱是最美的情愫。其实，为至爱的人付出也是一种幸福，当他明白自己的退却能使心爱的人静心学习，能使你将来更加优秀，他甚至会为自己高尚的情怀而感动；如果他不听你的劝告，依然找你倾诉，万万不可轻信他的花言巧语，这是一个很自私的人，他不懂得爱，不懂得如何去呵护你，你自然逃得越远越好。"

一席话娓娓道来，学生听得入迷，这是教给了她们如何解决自己暗恋别人，以及如何拒绝别人追求的有效方法。哪一个女孩子不希望自己成为一个美丽、高尚、纯洁的人呢？

三、第三学期：有效的引导

即使我们在高中阶段两次探讨了爱情教育的话题，还是不能保证学生就不谈恋爱。一般情况下，到第三个学期，若有女孩子谈恋爱，老师已经阻止不了了，最好的选择依然是引导。

第三学期，我让学生看了一场电影《早熟》。

10 月 20 日　　　阴

《早熟》观后

这是一部反映中学生早恋的电影，是香港片。

高中生若男和家富在一次舞会上认识。若男身世显赫，父亲是知名律师，从小被安排学习各样技能，弹钢琴、绘画，但是缺乏亲情和自由；家富出身平民，和父母亲密无间。若男羡慕家富的成长环境，两个人迅速坠入爱河。一切都像发生在我们身边的故事。不久，若男怀孕，家长知道后非常生气。两个孩子离家出走，来到一个没人居住的小村子里。所谓的浪漫没有持续多长时间，身上的钱很快花完。家富不得不靠打散工挣钱养活若男，为此吃了很多苦，当搬运工、送水工等。找不到工作的时候，便开始盗窃，去人家超市里偷面包、偷火腿肠。而从没干过活的若男，承担了洗衣做饭的任务，甚至在饿得受不了时，拖着沉重的身子到野地挖地瓜。在这样的景况下，再也没有什么甜蜜可言，两个人甚至无话可说，生气、吵架也难免发生。七个月后，当家富的父母千方百计找到他们的时候，他们已经山穷水尽。当夜，若男早产一个男婴，两个还是孩子的中学生，就这样当上了父母。同时家富因诱骗未成年少女，被告上了法庭。

电影的结局还是不错的。若男的父亲忽然反悔，亲自做家富的律师，推翻了自己的一些观点。家富只被拘留三个月就放了出来。

学生已经看得泪水涟涟，唏嘘不已。但是，若只停留在感动上，我认为还远远不够。电影结束，我问了学生三个问题。我的第一个问题：如果这种事发生在我们身边，他们可能找到不用房租，又有被褥的房子吗？

学生纷纷摇头："是的！找不到！甚至连地瓜都吃不上。"

我的第二个问题：电影中的家富还是很负责的男孩子，如果我们交友不慎，会有电影最后的结局吗？

当然不会，那时女孩子可能更惨！

我的第三个问题：如果若男的父亲不做家富的律师，不推翻自己的一些言论，家富被拘留的时间，会仅仅只有三个月吗？

学生依然摇头：家富可能被拘留三年！是三年黄金般的岁月啊！

我感触最深的，有两点：一是原告（若男的家长）的律师所说的一席话：现在，大家也许同情被告，希望能对他宽容一些。怎知道这种宽容，便是对许多青少年的纵容？他们会向被告学习的⋯⋯

电影结束，我把这席话复述一遍，说："我们班也一样。有的同学违反了纪律，会求我宽恕她。怎知道，我的宽恕，就是对另外学生的纵容呢？如果我们没有严明的纪律，良好的班风，如果我们班人见人厌，生活在这里，该有多难过？怎么可能昂起我们高贵的、自信的头颅？"

让我感触深刻的另外一点，是法官判决后对家富说："希望你在这三个月里，好好想一想怎样对你的子女、父母等亲人负责！"

我同样把法官的话复述下来，问："家富，他应该怎样对子女、父母等亲人负责呢？"

学生答：他应该好好学习，拥有能养家糊口的本领，才能对子女、父母等亲人负责。

这是第一学期"预习爱情"里讨论的答案，学生竟然还记得。

四、最后一学期：临别赠言

我特别欣赏上海一所学校的办学理念：教学生三年，为学生想三十年，为民族想三百年。爱情教育在学生毕业的时候，也应该画上圆满的句号，告诫学生——尤其是女生：为了幸福，面对爱情，你不妨自私点。

6月3日　　晴

你不妨自私点
——与毕业班女生谈爱情

同学们！一转眼，我们已经到了该说再见的时间。三年的朝夕相处，作为一名班主任，我眼看着你们从腼腆、羞涩的小姑娘，一天天长大，日益光彩照人，日益超凡脱俗，日益成熟自信，再回想我们曾经历过的日日夜夜、风风雨雨，我真的舍不得你们走。然而，鸟儿长大，要展翅飞翔；学生毕业，就该走向社会或高等学府。以前，我们曾召开过无数次成功的主题班会，曾经谈论过高中生的早恋、如何与人合作，等等。今天是我们班最后一次班会，我要和同学们谈谈爱情这个古老又新鲜的话题。

我想告诉大家：为了幸福，面对爱情，你们不妨自私点。

平时，我们看多了小说里可歌可泣、伟大无私的爱情故事。那些故事的结局无论圆满，还是遗憾，其实都是文学作品里的事，生活远不像小说那么浪漫、那么遂人心愿。下面，我也来讲一个故事：

有一对情侣，可谓郎才女貌、情投意合，他们经常在朝阳里登山，在夕阳下散步。所有见过他们的人，都说这是天造地设的一对。他们也常常信誓旦旦，说要白头偕老。然而，天有不测风云——男人的一只眼睛失明了，唯一的挽救办法是：有人肯将自己健康的眼角膜奉献出来，给他换上。但是，哪儿有这样的人呢？在男人悲观失望时，女人实在不愿意看到心爱的人如此痛苦，义无反顾地将自己一只美丽的眼睛奉献出来。男人恢复了昔日的翩翩风采，每天面对着只剩下一只眼睛的女人，心里有说不出的厌恶。

故事的结局同学们想必已经猜到：女人最终被抛弃了。

看完这个故事，我流泪了，为女人的伟大和无私流泪，为男人的残酷和无情流泪，同时也想了很多。我想，如果女人不那么无私，不把自己美丽的眼睛献出来，而只是用自己对男人纯洁深厚的爱，去抚慰男人、温暖男人，唤醒他对生活的热爱，他们的美满幸福一定会一如以前。只要女人深深爱着男人（自私一点也无妨），他们就一定能白头偕老。然而如今，女人无私的爱竟成为他们爱情的杀手。事实上，康复的男人和残废的女人在一起固然不幸福，当他抛弃了女人，也许更痛苦，因为他日日夜夜都会受到良心的谴责。

所以，为了爱情，我们没有必要太过无私。

我对同学们讲的第二个故事，是发生在我朋友身上的真实事情。

他们是大学同学，深深相爱了四年，却一直没有勇气说出来。转眼间毕业了，他们分到了不同的城市。工作一个月后，男孩向女孩表白了，两人这一爱就爱得惊天动地。姑娘来到男孩所在的城市。就像鲁迅先生笔下的《伤逝》一样，他们首先遇到的就是经济上的困难，但因为有爱，虽然贫穷、争吵、哭闹，也不至于分手。问题是女孩没有了工作的热情和兴趣，她把家务放在第一位，舍不得让男人做一点事，自己却没有时间看书、学习。后来，有了孩子，她更加忙碌，和我见面时絮絮叨叨，或者说婆媳之间琐碎的矛盾，或者说孩子、或者说家务。她一遍遍地说，不厌其烦，说的次数多了，她一张口，我的头就疼，奇怪昔日那个好学上进的才女，怎么变成了这个样子。

前几天，她来找我哭诉，说男人不再爱她。她说："我为了他失去了工作，包下了家中里里外外的活。为了这个家，我付出了多少？他过着衣来伸手、饭来张口的生活，现在他竟说不爱我了……"

我真想对她说，如果她对爱情不那么无私，事情也许不至于如此。

首先，她不该仓促辞掉自己喜欢的工作；其次，她辞去工作后，不应该将所有精力放在干家务上。家既然是两个人共同的家，家务就该共同干。想一想，夫妻俩一个做饭，另一个洗菜；或者一个洗衣服，另一个拖地。就好像古人"你织布来我种地，你挑水来我浇园"一样，浪漫又有诗情画意，还便于沟通。我一直认为，家务由一个人干，是一种劳累；由相爱的人共同去干，就是乐趣，甚至是有趣的游戏。空余的时间，两个人一起读书、学习，共同进步，这简直是神仙伴侣。但是，所有这一切都需要我们女人面对爱情时，有一点小小的自私。我们把男孩、女孩的相识、相爱、结婚打一个比方：就好像少男、少女在爬山。爬山的途中，男孩、女孩相遇了。因为有共同的目标、共同的语言，相当的学识，两人相爱了，共同步入了婚姻的殿堂。女孩很无私地牺牲了自己的学业，全心投入烦琐的家务劳动，一旦有了孩子就更加不思进取；男人却孜孜不倦地提高着自己，继续向山头攀登。于是，男孩、女孩的距离越来越大，彼此的共同语言越来越少。终于有一天，男孩在即将到达山顶时，遇见了另一个女孩，这个女孩没有将自己的青春无私地奉献给某个人，她有着渊博的知识、高雅的气质。男孩不可救药地爱上了她。这时，我们能一味埋怨男人变心吗？我相信结婚前，他们所有的甜言蜜语、海誓山盟都发自真心。只是随着时势的变迁，夫妻的距离越来越大，感情起了变化。有责任心的男人自然不会抛弃结发妻，但他的痛苦可想而知；没有责任心的男人，会怎么做？就难说了。所以，为了爱情，过于无私奉献自己的女人，值吗？

同学们，我从来都是教导你们要无私奉献的；今天，我却让你们面对爱情，自私一点。希望你们能正确理解我的心意，不要断章取义。我多么希望你们今生能和至爱的人相伴一生！每当我想起你们要告别校园，走向社会，心头就有千万个不放心。有时候，我感觉自己就像一个送女儿出嫁的母亲，有说不尽的千言万语，只是想让你们拥有美满的家庭、如意的工作和快乐的人生！

但愿你们将来能和心爱的人比翼双飞。但是别忘记：为了幸福、为了爱情，有一点小小的自私，总是不过分的！

可以说，以上关于爱情教育的四次活动，都是针对大多数同学的。当个别学生确实已经爱上了异性，或者"明知山有虎，偏向虎山行"时，老师应该怎么做呢？做"王母娘娘""棒打鸳鸯"显然是不明智的。班主任之友教育论坛上有一个帖子，题目是《初二女生故意怀孕抗议家长贴身看管》。帖子里孩子的父母对正读初二的女儿要求非常严格。父亲说："上学，我和妻子轮班跟踪守在校园外；放学后，把她关在家中。之所以这么做，是因为我们知道女儿正在恋爱。"但是，意想不到的事情发生了，如此"贴身护卫"，女儿在前不久还是怀孕了。女儿曾对父母大吼："都是你们'逼'出来的。"女孩对心理咨询师说："他们根本就管不住我。手机上交，我可以借同学的，我有家里的钥匙，他到了我家楼下，电话打给我，我就从窗口把钥匙丢下去，他到我家开门，然后我就出去了。父母把我反锁在家里根本没效果。他们越这么'关押'我，我就越要给他们点颜色看，我怀孕就是给他们的'颜色'，是他们'逼'出来的。"……

可见，由于社会风气的影响，由于家庭教育失误，由于学校举措不当，由于同学间"交叉感染"等，中小学校园的早恋现象已经很普遍。单单的围追堵截不但没有效果，甚至会"火上浇油"。比较明智的做法，是陪着孩子朝一个方向走，然后在关键时刻拉孩子一把，或推孩子一下。

以下案例是我陪伴一个"问题女生"感情历程的日记。

9月21日　　多云

情窦初开的圆圆

寝室长会上，我了解到圆圆这一段时间借了同学们好多钱。快到国庆节假期了她也不能还钱，心理压力很大。我问同学们："她平时花钱厉害吗?"

答:"不厉害。好像是她把钱转借给外班的男生了。"

我点点头,心想:有男生和我们班女孩子走得这么近,我倒应该认识一下,别让圆圆吃亏了。

下午,圆圆来找我请假,她生病了。我关心地问:"你最近是不是有心事?"她摇头。我说:"你不用瞒我,我只要一问你的好朋友,就什么都知道了。"

她这才说,自己借了别人好多钱。

我看着她,似乎要看到她心里:"也没见你买什么东西,怎么钱就不够花了。"

"老师,我借给我以前的同学了。他奶奶病了,这一段时间家里没有给他生活费,我就帮他借钱,我借的钱我会还的。"见我还是定定地看着她,忙补充道:"我们是从小一起长大的,是一般朋友。"我急忙点头,并心疼地说:"以后不要再借钱了。你现在还不了别人钱,成了心理负担。你的病就是急出来的!你知道吗?"

准了圆圆的假,我径直朝"市场"班走去。圆圆说借她钱的朋友就在"市场"班,但我不知道他的姓名。不过这有什么关系?我会找到的。

一进"市场"班我就问:"咱们班有圆圆的好朋友吗?是一名男生。"问了一遍没人应。我心想,如果再问一声,他还不敢站出来的话,我就要反对他和圆圆交往了。连这点勇气都没有,称什么男子汉?没想到再问第二声,就站起来一个高个子男生,还挺帅气,看样子不像有什么大毛病。我先朝他笑笑,将他带出教室,说:"我是圆圆的班主任。圆圆生病了,你知道吗?"

他点点头。

"我感觉她是因为压力太大才生病的。因为她借了别人的钱,现在还不了。"我停下话头，他也不接腔。我只好继续："你是不是向她借钱了?"

"我没有!"他抬眼看我，好像没有撒谎。

"这孩子，为什么要骗我呢?"我自言自语，接着说，"你和圆圆是以前的同学，她的过去你肯定了解。我想对你说：无论她过去怎样，她现在在我们班表现很好。这是一个新开端，我希望她能坚持下去，也希望你能帮助她。你和她在一起的时候，劝她节省些，再刻苦些!好吗?"

他点点头。

我继续说："你们是从小一起长大的，现在大大方方交往，做一般朋友，我不反对，但要注意保持距离，别再发展了。"

从"市场"班出来，我仔细想了想：他们的关系绝对不一般，不过也可能没谈。其实这样的感情很美好，我不能过分干涉。圆圆身上有些匪气，如果这个男孩能劝着她一点，倒也不错。现在，他等于已经在我这儿"注册"了，我又这么信任他，想来他会注意和圆圆的距离的。

其实，问题的关键是：我根本就干涉不了人家的交往，与其让他们背着我偷偷来往，给同学们造成不好的影响，还不如让同学们都认为，我已经默许了他们的交往。别的女孩子想和男生交往吗?也来我这儿"注册"!谅那些姑娘、小伙子没这个胆量!

圆圆输完液就来找我，估计她没想到我会那么快就去找那个男孩，并且表扬了她，她很感动，说刚才自己输液时，男孩去看她了，她一定会和他保持距离的。但男孩确实借了她的钱，是圆圆怕别人知道了此事，男孩子会难为情，才要求他不要对任何人说起。"没想到他对您也不说实话。"圆圆笑着说。

我心里想：圆圆这么会替他着想啊!男孩子也真够听话的!

我再次认为：他们绝对会有问题！圆圆身上显然有很多毛病，我要帮助她，就必须了解平时和她交往的是些什么人，他们的人品怎么样，圆圆和他们在一起，可能会受到什么影响。做到心中有数后，再想别的方法，才能对症下药。

12月6日　　晴

一步险棋

下午，圆圆和她的爸爸过来了。

圆圆的爸爸亲口告诉我他的女儿到我校前曾经干过的坏事：和家里不辞而别；一度沉迷于娱乐场所，被爸爸发现带回家后，下着雨，从二楼跳下就跑；偷家里的钱；夜不归宿……

我是多么不愿相信自己的耳朵啊！但圆圆确实在学校外负债累累。

这一次，他把圆圆的外债一一还清，并将圆圆的生活费托付给了我，让我每周给她50元钱。如果这两个月她不改过自新，家里再不会管她的事情。

我的心不断下沉，回想圆圆在学校的表现，除了花钱多并没有什么过分的举动，她在克制自己，她是真的在进步，我必须帮助她，让她告别过去。

和圆圆寝室的同学交谈，她们说找圆圆的男孩子很多，有时候圆圆让同学们接到找她的电话就谎称自己不在，甚至自己接住了也会故意变个声音说"不在"。但她的钱究竟花到哪儿去了呢？（后来调查得知，是别的女孩子在花她的钱，圆圆竟心甘情愿）她自己有心改过吗？

圆圆昨天晚上回寝室很晚，据说是到309寝室去了。我明白，309寝室和男生寝室一墙之隔，她一定是找市场营销班的小吴说话去了。他们两个真是难舍难分啊！据说，圆圆在家养病的时候，小吴不请假也回了家，并到医院看望圆圆，被圆圆的爸爸看见，受够了冷落。昨天晚上圆圆没上晚自习，这么冷的天，她竟站在星空下和小吴说话，说了一个晚自习还不够，回到寝室还要说。像他俩这样的交往，我必须干涉了。再一想，王母娘娘不好当啊！何况又怎样能制止得了？

既然不能制止，在教育圆圆的问题上，我能否让小吴助我一臂之力呢？万事都有轻重之分，目前对圆圆的教育，先按她爸爸的要求来，免得圆圆失去上学的机会。

这是一种无奈的选择，也是一步险棋，我能否把握好？我也怕他们越陷越深，但万事都有轻重缓急之分。就好比一个得了重病的人，我们首先要用药物去挽救他的生命，然后才能考虑药物的副作用。我让小吴帮我的忙，那是在挽救圆圆。小吴在帮助圆圆的过程中，彼此感情加深，却是一个副作用。从圆圆父亲反映的情况看，以前和她来往的男孩子比较多。若是真的强硬让圆圆和小吴分开，一来容易引起她的逆反心理，二来她可能还会和以前那些男孩子混到一起。如果圆圆必须要有一个异性朋友，我宁肯她和小吴在一起。为了能及时引导、帮助他们，为了得到他们的信任，我也必须和小吴谈谈。

12月9日　　晴

小　吴

下午放学后，我到321寝室找菁菁。菁菁不在，圆圆却在，我笑着说："有时间了，我打算找小吴谈谈。"圆圆紧张起来："老师，您找他谈什么？我爸不让我和他来往，我已经不搭理他啦！"

我笑道："你没有做贼，心虚什么？我感觉小吴人不错，想和他聊天不行吗？"

圆圆："老师，您要对他说什么？"

我不理，只是看着她笑，同学们也笑。这时小吴在楼下喊圆圆。圆圆看着我不敢答应——她的谎言转眼就被事实揭穿了。我走到阳台上对小吴笑道："你来得正好，我找你有事。"

小吴万万没料到我在圆圆的寝室，愣着不知道该怎么办。我一边让韩悦告诉他不要怕，老师不是老虎，一边下楼。圆圆可怜兮兮地跟我到楼梯口，我摆手让她回去。

很明显，小吴对我有防备之心，他不乐意和我一起到办公室，胆怯地询问："老师，我们能否另找个时间谈话？我今天有事。"

我说："就占你 10 分钟时间，好吗？"

他敢说"不好"吗？

在办公室，我开门见山地问："你是什么时候认识圆圆的？"

小吴支吾着不正面回答："认识时间也不短了。"

"那你对圆圆的过去了解多少？"

"圆圆的爸爸不是对您说了吗？"

看起来，我如果不把自己找他的意图说出来，他是打定了主意不和我配合。于是，我用充满忧伤的语气说："想来，你对圆圆的过去有一定的了解。那天听圆圆的爸爸评价圆圆，我真的很意外，也很难过。我没想到她以前是那个样子。设想一下，如果她的爸爸不再管她，她以后又会成个什么样子呢？"见他依然不作声，我继续话题："我不想提她的过去，因为自从圆圆来到这个学校，她一直在努力，我能看得出来。"

这一次他终于开腔了："圆圆的爸爸对我有成见，其实我也一直对圆圆说，让她好好上课，现在她的确改变了很多。"

我点点头，表示同意他的话："这正是我找你的目的。圆圆的爸爸说，给她两个月时间，如果她能改正以前的毛病，就让她继续上学，否则就再也不管了。圆圆多年养成的习惯，让她在两个月就改正过来，难度实在不小。我感觉自己的压力很大，所以想让你帮助我。对圆圆来说，你的话可能比我的话要管用。如果我们俩能联合起来，圆圆改正坏习惯也许会更快一些，希望也更大一些。"

小吴不停点头："圆圆的爸爸不想让我和她交往。有时候我想，如果因为我的缘故，他不让圆圆上学，那干脆让我退学好了。"

其实，我早听说他下学期想退学，但还是劝阻："你可不能退学，我还想让你帮助圆圆改坏习惯呢！何况，你要是回去了，圆圆可能每周都往家里跑去找你，更不安心学习。圆圆在这儿，我会更费心；但如果不上学，也许她一辈子就完了。她花钱那么厉害，又没有一技之长，她爸爸又不管她，她会成个什么样子呢？不从教师这个角度说，就算我凭做人的良心，也不能对她袖手旁观。你和圆圆现在关系不错，但不知道将来会怎样。你也别从'男朋友'角度想，就算是一个熟人吧，也不能眼看悲剧在她身上发生。"

我能感觉小吴彻底被我打动了，他问："您感觉我能做些什么呢？"

"你劝劝她，晚自习要安心学习。这么冷的天，不要老想着找你说话。"

他点点头。我继续说："下了晚自习，不要让她到 309 寝室和你隔墙说话。309 寝室不是我们班的寝室，人家都已经睡下了，你俩却在说话，影响多不好。我不怀疑你对她的感情，但是爱是要埋在心里的，没有必要在大庭广众下卿卿我我。"

小吴："我也认为那样不好，特别对女孩子的名声不好。"

我点点头："你们俩接触不能太密切，让别的同学看见，会有两种结果：一、他们会向你们学习，也谈朋友。二、他们不谈朋友，却会孤立圆圆。我估计第二种情况的可能性比较大，这也不是你愿意看到的。"

小吴抬起头真诚地说："老师，我一定注意。"

"另外，就是她的花钱问题了。现在她的钱在我这儿。"

没等我的话说完，他就接口说："您给她的 50 元钱她已经花完了。现在先让她饿着。"

我说："对！我告诉我们班的同学不让她们借钱给她，你也告诉你的朋友不要借钱给她。给她点教训，让她知道节约的必要。"

"好！以前我和她一起坐出租车，她经常不让司机找零；有一次在公交车上，她竟然扔了三四个一毛钱。"

我自己感觉，今天和小吴的谈话比较成功。

1月5日　　晴

美丽的初恋

据说，圆圆和小吴走得太近了，简直形影不离。

小吴的班主任惠老师早上碰见我就很严肃地说："李迪，圆圆整天和小吴在一起啊！而且绝对是圆圆主动。"

我说："何以见得？"

"他们交往一点也不避嫌啊！就在校园里说话。如果不是女孩子主动，一定会羞涩一些，找一个隐蔽的地方。"

我一听乐了："就为这啊！这是我告诉他们的。我说：'我不阻止你们交往，但交往要大大方方，别到那黑旮旯里让人怀疑'。"

看见我笑，她也乐了，转而很认真地说："他们绝对不是一般朋友关系！有一天中午我看见他俩在校园单杠边，从1：05到1：40，谈了三十多分钟啊！"

我也紧张起来："光天化日之下，他们有什么过分的举动吗？那可有伤风化了！"

"那倒没有！但一看就很亲密！"

我还是放不下心来："怎么个亲密法？"

惠老师："哎！这谁能说得出？记得《红楼梦》里宝玉和黛玉在一起看书吗？"

我点点头。

"他们那神情，就像宝玉和黛玉在一起看书啊！"

我一下子神往起来：那是怎样一个动人的场面：像宝玉和黛玉一

样地亲密谈话，绝对不是胡闹、游戏，我该不该阻止呢？

从内心深处讲，一开始我不制止他们，除了知道自己制止不了外，还希望他们接触一段时间，失去新鲜感就分手。但现在看来，我的学生是真的爱上了一个外班的男生。想一想，她每天清晨睁开眼，心里会怀着怎样的渴念和快乐？她在阳光飞洒的校园中看见那张亲爱的笑脸的一刹那，幸福会如何把她包裹，花骨朵一样的生命是如何在这样隐秘的激情中绽开美丽？我不知道自己是该高兴、羡慕，还是应该担忧。只感觉那是一种多么美的交往，肯定比我们成年人想象得透明、健康。我一时不知该说什么才好，如果我把自己的想法说出来，办公室的老师们一定会认为我疯了。

于是，我以开玩笑的语气说："圆圆和小吴，倒也般配！"

惠老师："什么呀！我们小吴虽然成绩不好，整体素质还真不错呢！"

我点头："是！要不我也不会放心让他俩交往了！"

"现在倒好！他们就是感觉你不反对他们交往，他们才如此肆无忌惮的。要是出了事，可就麻烦了！"

我正色道："好吧！你看是我去阻止，还是你去？要不咱俩双管齐下？"

惠老师："现在快考试了！我先不说，等下学期来了，他们要还是这个样子，我再出面。"停一下又问，"你是不是和小吴很熟？"

"不太熟！我只找过他两次。第一次谈话不到 10 分钟；第二次时间长，是让他帮助圆圆改毛病的。"

"可是他崇拜你崇拜得不得了！第一次感觉你谈吐好帅；第二次又感觉你善解人意。我就不明白，你为什么要找他帮圆圆呢？这样只会越帮越忙的。"

"我要控制圆圆花钱，怕圆圆不理解。心想：如果小吴能和我统一战线，他的话应该比我的话管用；另外，圆圆晚上总是跑到 309 寝室和 308 寝室的小吴说话，熄灯后还不走，影响实在不好。在他们的交往中，我何尝不知道是圆圆主动？她要控制不住自己，我只好让小吴控制大局了。你放心，我这就找圆圆谈话，她一定会听的。"

惠老师："你那么肯定？"

"是！圆圆有很多毛病，但她有一个优点——讲义气。从她来到这个学校，我对她就一直很关注。现在她若知道因为她和小吴的事，让你埋怨我，她一定会替我着想的。"

惠老师这才放下心来。

送走惠老师，我暗自思忖：真需要找圆圆谈谈了！他们的距离不能太近，而且她必须要好好学习。我可不能和她一样糊涂啊！

下午，我将圆圆叫出教室，未曾开言，圆圆说："老师，我早上看见您和惠老师在一起谈话，就知道是怎么一回事了。您放心吧！今天中午我就和小吴说好了，我们不会总在一起了。"

省却了自己一番口舌，我却不免惊叹：这些学生是多么善于观察老师啊！谁说他们不聪明？

又想：据说，恋爱中的人是不太理智、不太正常的，我敢完全信她的话吗？

我不敢！

2 月 27 日　　大雪

为什么，受伤害的总是痴情的一方？

面对圆圆真诚、开心的笑，我难以描述自己的感情——心疼、同情、哀伤，还带有一点点愤懑，我几乎不敢面对她坦率的目光。

这是一个痴情的女孩子，这是一个正在热恋的少女，她正在期待着美好的未来，甜蜜的爱情，她哪里知道自己所爱的人小吴已经厌烦了她呢？

早上，惠老师见到我，犹豫着说："李迪，给你说件事，你又该替自己班的女孩子难过了。"

我笑，她是很了解我的。

"小吴和圆圆的事又有了新变化。小吴的家长对圆圆很不满意，认为圆圆太野、太疯。小吴的妈妈在星期六给儿子做了一夜工作，小吴的好朋友也都认为圆圆不是个好女孩。"

我无语。良久，问："圆圆知道这些吗？小吴是什么意思？"

惠老师摇头："圆圆不知道！小吴办事有些不爽快。我也问他是不是难以割舍和圆圆的感情。他的原话是：'感情！什么感情啊！'"惠老师将眼睛翻着，模仿着小吴的表情，惟妙惟肖。我不禁大笑。笑声未停，泪水——为圆圆不平的泪水，却不由自主地要涌出来，于是假装轻松地笑着和惠老师告别："好！我知道该做圆圆的什么工作，你放心吧！"

走出惠老师的办公室，悲哀如初冬的浓雾，一阵阵向我心头袭来：不仅仅为圆圆，我还为天下所有的痴心女子悲哀。我在思考着：怎样做，才能让圆圆少受些伤害？怎样做，才能避免圆圆有过激的行为出现？电视里、生活中，我实在是看多了少男少女为情所困，而做出的傻事。圆圆，她也是个容易冲动的女孩子，我必须在小吴和圆圆摊牌前，让圆圆自己有思想准备。

我该怎么努力呢？

中午，我找到菁菁，她和圆圆既是朋友，又同在一个寝室。我开门见山地说："你要劝着圆圆，不要让她和小吴走太近。女孩子要矜持些，男孩子才会珍惜的。别让人家说我们班的姑娘不知羞耻。"

说着这些话，我心如刀绞。事实上，小吴的朋友、亲人，包括外班的一些同学，就是这么说圆圆的。我知道，圆圆不是不知羞耻，她不过是太单纯、太痴心，付出太多而已。但是，我怎能挡得住如刀的口舌？

　　整整一天时间，我心神不宁，不知道该怎样劝说圆圆，才能既不激起她的反感，又让她接受我的建议。

　　下午放学后，我把圆圆叫到了办公室。今天，我要和她谈一些关于男人、女人在爱情观上的区别。

　　带着亲切的笑容，我问："知道我为什么叫你来吗？"

　　圆圆笑着："知道！是关于和小吴的事吧！他又回来上学了。"

　　我点头："你现在和他的关系怎样？"

　　"我妈妈让我尽量和他保持距离，因为现在年龄还小。"

　　我笑："其实，无论家长怎样骂孩子，甚至打孩子，也绝不会害孩子。老师和家长是一样的。现在你们年龄不到嘛！等到了该找对象的时候，你妈说不定比你还急。"

　　圆圆羞涩地笑了。

　　我正色道："圆圆，可以说你和小吴现在正在热恋中，热恋中的人都有些糊涂的，你可要保持清醒的头脑。"

　　"我知道的，老师。"

　　然而，她真的知道吗？如果她知道，就不会跟着小吴回他家了。影响多不好啊！我却怕引起她的逆反心理，不敢反驳她，只是含笑说："其实，男孩子和女孩子想的不一样。他们是要出去征服天下的，爱情只是他们生活的一方面，他们还需要友情、事业；而女孩子呢？一旦爱上一个人，就会把爱情当作自己的全部，付出肯定要比男孩子多，最终所受的伤害也必然比男孩子大。"

　　圆圆连连点头。

　　我继续自己的话题："所以，女孩子要有心理准备，遇到这样的伤害，一定要坚强些。爱情是最琢磨不透的。你现在和小吴感情好，但你必须明白：人的思想会改变。也许有一天，你们中间的某一方会感觉另一方并不是自己的最爱。这并不是提出分手的一方良心变坏，而是随着时间的推移，认识改变了。相信他在说他爱你的时候，很真诚；他在说他不爱你的时候，依然真诚。圆圆，老师提前给你说这些，是怕你受伤太重，你能理解吗？"

圆圆点头，从目光中可以看出，她被我的真诚打动了。但她听懂了吗？

我自己都有些迷糊！

我继续自己的话题："所以，即使现在你和小吴情投意合、如胶似漆，未来怎样，我们都无法预料。真到分手那一天，你该怎样做呢？记得席慕蓉曾说：'在年轻的时候，如果你爱上一个人，请你，请你，一定要温柔地对待他……若不得不分离，也要好好地说声再见，也要在心里存着感谢，感谢他给了你一份记忆。长大了以后，你才会知道，在蓦然回首的刹那，没有怨恨的青春，才会了无遗憾，如山冈上，那轮静静的满月。'我也希望你能像诗中所说的人那样，能提得起、放得下，用感激、微笑面对一切。无论将来怎样，我都不希望我的学生成为一个怨妇。"

……

圆圆回去了，我坐在桌前发呆：不知道我这席话，她能听进去多少。对他们的恋爱，我原本就没有干涉多少；如今他们分手，也在我的意料之中。圆圆情窦初开、圆圆迷恋小吴、圆圆离校出走、圆圆被小吴的亲人厌烦，以及将来小吴要提出和圆圆分手，一切都是我亲眼所见，一切都是我作为老师，难以制止的。圆圆，她要成长，她要尝试，她要碰壁，从另一方面说，她也是要丰富自己的人生经历，我们作为老师，除了适时指点，不能、也不该过分干涉。

第七章

师生的感情从哪里来

——和谐师生关系的几个原则

古人云：亲其师，信其道。

但是，我们如何让学生"亲"自己呢？这似乎是一个不老的研究话题。

凡是与学生感情深厚的老师，多有一个良好习惯——和学生谈心。但是，谈心是需要情景铺垫的。老师若一本正经把学生叫出来说："咱俩现在谈心吧！"学生有顾忌，必然不肯把内心话说出来。这就需要我们在平时就注意拉近和学生的心理距离。当学生对老师已经敞开心扉时，我们不经意的一个眼神，一句玩笑，一抹不快，一缕微笑……都可能对学生产生影响，成为教育学生的契机。

综合本书以上文字所述，我们可以得出总的体会：拉近师生距离，一般有利用节假日或特殊日子搞活动、两头传好话、和学生开玩笑、聊天、游戏、写信、统一战线，甚至冷淡、恼怒等办法。

一、利用节假日或特殊的日子拉近师生心理距离

老子曰："三十辐共一毂，当其无，有车之用。埏埴以为器，当其无，有器之用。凿户牖以为室，当其无，有室之用。故有之以为利，无之以为用。"

三十根辐条汇集到一根毂的孔洞中，有了车毂中空的地方，才有车的作用。糅合陶土做成器皿，有了器皿中空的地方，才有器皿的作用。开凿门窗建造房屋，有了门窗四壁内的空虚部分，才有房屋的作用。所以，有，给人便利；无，发挥了它的作用。

这段话很巧妙地说明"有"和"无"的辩证关系。一个碗或茶盅中间是空的，可正是那空的部分起了碗或茶盅的作用；房子里面是空的，可正是因为里面是空的，才起了房子的作用，如果房子是实的，人怎么住进去呢？但是，现实生活中，一般人只注意实有的东西及其作用，而忽略了虚空的东西及其作用。教学中，我们常常只看重分数，恨不能将学生的一分

钟当作两分钟用，却不知道偶然的放松，会大大增进师生的情谊，进而提高学生的学习效率；在与学生的交往中，我们总是等学生出了问题后，才找他们谈话，效果自然不佳，却不知道利用平时的玩笑、游戏，令师生心灵息息相通后，教师的人格魅力对学生自然会产生影响，与学生交流起来，必将有事半功倍的效果。

这里的游戏、玩笑，便起了老子所说的"无"的作用。

所以，我认为，一些节假日往往就是我们利用"无"的最好时机。比如，我们会利用节假日或学生生日，举行一个小型的庆祝仪式，大家一起唱《生日快乐》歌等，让班级像一个家庭一样温馨。如此做法看似占用了学生的时间，其实如同"凿户牖以为室，当其无，有室之用"一般，能丰富学生的生活，并培养学生的情趣，增进师生的情谊。

2006 年 1 月 8 日　　晴

七窍通透

元旦和哥哥在一起闲聊，谈到小时候家里穷，每逢过生日，没有蛋糕，妈妈便给我们煮鸡蛋吃。一来鸡蛋物美价廉，二来取意为"咬灾"……最后哥哥感叹："现在的孩子是不稀罕吃煮鸡蛋了！也没有了以前的情趣。"

我笑道："我现在还给学生过生日的。"

哥哥："你怎么给她们过？"

"送一枚鸡蛋啊！"

哥哥的儿子正喝水，一下子笑得要岔气："她们怎么会喜欢吃？"

我不高兴了："怎么会不喜欢呢？"

出生在省城的侄子哪里知道，我的学生多来自农村，在仲秋之夜，还曾经 8 个同学分一个月饼呢！每次回想到这些，感动之余，我会问自己：她们是在分一个月饼吗？不！她们分明是在分享一份美丽的心情啊!

何况,就算她们出生在富裕的家庭吧!老师送的鸡蛋也不是平常的蛋啊!我的许多学生在初中学习不好,行为习惯差,可能备受冷落,我的祝福,她们不会不在乎的。

多年来,学生一进校门,我都会详细记录下她们的生日。到了那一天,我会一大早起床,亲自为她们煮一枚鸡蛋,放进保鲜袋里,拿到学校。在早读课上,由我亲自送到过生日的学生手中,并弹琴伴奏,同学们一起为她唱《生日快乐》歌。每到这时候,全班同学都会兴奋得两眼放光,大家心里共有一个美好的心愿,班级凝聚力就在那一刻加强了。而过生日的同学,一般都会将鸡蛋把玩一天,才恋恋不舍地吃掉。以前有一个家在郑州市的同学,拿到我送的鸡蛋,回家兴奋地对家长说:"我们老师可喜欢我了!还记得我的生日呢!看!老师送我的鸡蛋!!"其实,据她的家长说,她在家里是从来都不吃鸡蛋的。

今天,我们班俊丽生日,也是2006年我们班第一个同学过生日,今天的鸡蛋我打算用另一种方式送出去了。

我将鸡蛋捂在厚厚的羽绒服下,怀着一颗滚烫的、祝福的心,冒着一路严寒来到学校,鸡蛋还是热乎乎的,班里却已经一团喜气了:16岁的女孩子,是多么容易高兴起来啊!

唱完《生日快乐》歌,我在讲台上把鸡蛋拿出来,动手砸蛋。同学们忙喊:"老师,别砸!"我说:"我的手是干净的!"

俊丽:"让我自己来吧!我还想玩一会儿呢!"

我说:"这一次不行了!因为我刚刚听说:过生日吃鸡蛋的时候,一定要让长辈在鸡蛋上扎透七个洞。这样你就会'七窍通透',会很聪明的!"

学生第一次听到这个说法,一个个惊奇得不得了。我边剥鸡蛋边说:"我也是第一次听说。以前,我过生日,妈妈也经常煮蛋给我吃的，可是从没扎过洞。我还奇怪呢！这么多年来，我怎么这么不聪明，原来我过生日吃的都是没打眼的蛋，整个一'笨蛋'啊！"学生嘻嘻哈哈笑起来。我把牙签从面巾纸里拿出来，很专注地开始打眼，一边自言自语："每个洞都要打通啊！可千万不能有一个扎不透！"

俊丽在一旁天真地问："一个扎不透就怎么了？"

我强忍住笑，很认真地看着她说："那就一窍不通了！"

俊丽和同学们忍不住仰天大笑，笑声中，我把鸡蛋送到了俊丽手中。

就凭一枚小小的鸡蛋，我相信自己和俊丽的心一定贴得更近了。

就凭同学们这一场大笑，我相信大家今天一定会心情愉快的。

2006 年 5 月 31 日　　　晴

端午节，五色绳

我们的端午节不吃鸡蛋、不喝黄酒，却要吃粽子，并系五色绳。

一大早来到教室，早读的音乐声还没有响起，同学们静静地在座位上看书、作画。许晴笑嘻嘻地走过来，不由分说拉起我的手，为我系上了一根由五色彩丝缠绕织成的小细绳子，还自言自语说："绳子长些好，让我们的老师多福又多寿"。

我这才想起来，今天端午节，学生为我系五色绳子，是要为我辟邪、祝福呢！

回想以前，许晴脾气犟，我俩也发生过或大或小的冲突，但她是个很讲道理的孩子，看如今为我系彩绳的场面，是何等温馨、和谐，谁能想到以前我们曾怄过气呢？

玮老师去我们班上课，回来后欢天喜地说："李老师，看你们班的学生感情多细腻啊！竟还想起来给我一条小彩绳，我好高兴、好意外！"

同学们是极不喜欢数学的，数学老师又是男的，但上完课也眉飞色舞："呵呵！她们非要给我系彩绳啊！我推辞不掉的！"

计算机老师上完课，同样满面红光地抬起手腕："这群女孩子，还真的很有心啊！看这彩绳编得多漂亮！"

……

我不禁被感动了：我们的老师是多么容易满足啊！学生只送一根小小的彩绳，竟如此高兴！转念一想：这倒是教育学生关于感恩的绝好契机，我要让学生充分体会感恩的幸福。

下午预备音乐响起前，我买了48个粽子提进教室，首先向学生表示感谢："任课老师都说我们班的女孩子好懂事，今天竟还想到为老师系五色绳，老师们好高兴啊！"

学生一听，两眼放光。我问静怡："你刚才听老师说谢谢，自己有什么感觉？"

静怡："我也好高兴！"

我点头："这就是'送人玫瑰，留有余香'！你要给别人快乐，不但很容易，自己也会收获到快乐的。"同时将粽子拿出来："同学们出门在外，学校食堂也买不到粽子，今天老师请你们吃粽子。"

学生一听激动了！在座位上哇哇叫，她们万没料到我会送粽子给她们吃，而且我规定了不准在教室里吃东西的，但今天竟破了戒，一个个不由得喜笑颜开……

其实，要想和谐师生关系，任何一个细节都是契机。学生自发为老师系彩绳，只怕连她们自己也没想到这个举动会让老师如此高兴。我把老师们的欣喜告诉学生，其实是告诉她们：你要给别人带来欢乐很容易。作为回报，我买了粽子给她们吃，让学生体会到"你敬我一尺，我还你一丈"的道理。这是感恩的一个强化过程。

二、适度的引导

"治大国，若烹小鲜。"

这句话讲的是治国的道理。"烹小鲜"就是煎烹小鱼，用烹鱼比喻治国。小鱼很鲜嫩，用刀乱切或在锅里频频搅动，不但肉会碎，还可能搞得到处是鱼刺。治大国，要像煎小鱼一样，不要经常翻弄；而和学生一起成长，岂不也如烹小鲜？处在青春期的学生，逆反心理很强，就像小鱼身上的刺一样。如果我们不是真诚地去关心他们、呵护他们，而是随意讽刺、嘲笑，这样的学生定会让班主任感到很棘手，就像吃进嘴里一块满是乱刺的鱼一样，让你咽也咽不下，吐也吐不得。

"老师没有白疼我！"

在我从教的这些年，格格是给我印象最深刻的学生之一。这是一个患有先天性心脏病的女孩子，单纯、敏感、脆弱、多情、漂亮，有一双洋娃娃般明亮的大眼睛。她分明是一副人见人爱的俏模样，入学来却总是一个人坐在床上发呆，同学们叫她几声都不答应，反应比较迟钝。她甚至不会铺床叠被子。最令人担忧的是，她一点也不珍惜自己的生命，总感觉自己来到这个世界上是多余的……

她显然没有体会到生如夏花般灿烂，她需要被关注，她需要自我肯定。从见到她的那一刻，我就决定引导她，让她寻找到她所需要的一切，但绝对不频频干涉她。

新生入学后不久，听说格格暗恋我们隔壁班级的一个男生建照，我只假装不知道。一个星期天的晚上，格格没有按时返校，看夜色已浓，我心急火燎：她会到哪儿去呢？迟到了，无论如何也该想办法和我联系啊！

晚上8点钟左右，圆圆（前文有她的故事）告诉我，格格发短信过来，说自己在火车站出事了。我这才知道那天格格初中的男同学小宾到学校看她，他们一起去了火车站。但她会出什么事呢？

我急忙让圆圆和格格联系，但格格不接电话。我心急火燎，继续给格格发短信、打电话。过了 10 分钟，格格终于回短信了，说小宾不让她回来，她趁着替小宾买烟的机会，溜到了 91 路车上，一会儿就到校。

我的心稍安了一点，让圆圆到校园里接她。心想，只要格格能平安回来，我绝对不会再批评她什么。这样的问题，绝不是一两句批评就能解决的。

格格回来了，一副惊慌失措的模样，扑到我怀里还瑟瑟发抖。等她定下心来才明白：小宾是她初中时的好朋友（估计他们关系不一般）。小宾从家里跑到郑州找工作，今天找到格格玩耍，天晚了也不让她回校。格格脾气犟，一心要回来，他竟想动手打人。格格瞅机会跑到了 91 路车上。没想到小宾坐下一趟车也追了过来。格格一路小跑到了学校，小宾却被门卫截下来，现在还在校门口徘徊。听此言我又气又急，小宾是何许人？他究竟要干什么？怎么这般没有理智？就算追女孩子吧，也不是这样的追法。我说："格格别哭！我去找他，问他为什么这样对你。"

格格："老师，您别搭理他，他是个神经病！"

我知道格格说的是气话，但也明白自己找到小宾也没用，他根本就不认识我，怎么会把我放在眼里？只有转回来劝格格："你以后交朋友一定要擦亮眼睛！咱不要再搭理他了。"

格格点了点头……

经历了这样的事情，无论是格格，还是别的同学，都非常信任我，都明白我并不像一般成年人一样，一遇到爱情问题，就会居高临下、指手画脚干涉他们。事实上，学生年龄小，常有迷茫困惑的时候，她们很乐意接受老师的引导，却对长辈的说教很不耐烦。王晓春老师在

《做一个专业的班主任》里说："引"字的本义是开弓（把弓拉开），"导"字的本义是带领。细品"引"字，有"引而未发"的意思：弓拉开了，还没有把箭射出去，叫作"引"，箭一经射出去，就不再是"引"了。所以，"引"其实是很难把握的一种姿态和火候。"导"是带领。带领的姿态是什么样子的呢？如果一个人打算带领我，那他一定要走在我前面，他一定要和我面朝一个方向……

在格格这一事件里，同学们都看出来，我和格格面对的是同一个方向，说一个不太恰当的比喻：比如格格是小鱼，我在和她一起成长的过程中，没有过于"搅动"。格格也非常懂事，她和我的感情愈加深厚。

但是，这并不能阻止她继续违反纪律。

格格和小宾的冲突发生后不久，有一天早上，格格竟然没有起床，早读都没来。我实在太伤心了——就算她身体不好，也不能不起床不上课啊！她怎么一点都不克制自己的惰性呢？

我到寝室叫她起来时，毫不隐瞒自己的失望。

格格无言，默默起床。第一节课下课，她交给我一封信，除了道歉，还说了自己来到学校后，对隔壁班建照的感情。

附：

格格的信

亲爱的李迪老师：

您好！我又打扰您了！

这些天，我真让您操心了！我知道这是一句对不起无法弥补的。现在我真的特后悔做出那些不该做的事。

说实话吧！李老师，我这几天心事重重，把自己搞得像一个活死人，因为在我们开学的时候我喜欢上了一个男孩子，可是这个男孩子不知道，我又张不开口，就这样熬到现在，每天都没有精神。其实我早就想和您说这件事了，可是总觉得您很忙，不想再给您添乱了。这几天我一直头疼，这种头疼的感觉真的使我难以忍受，所以今天就躺在床上不想起来。李老师，您知道吗？我今天在床上流着泪想：我什么都没有，这个世界根本就不属于我。我感觉自己做人好失败，不如死了算了。可是再想想关心我的人，觉得不能那么做，自己一定要振作起来，必须起床给老师解释清楚，否则，老师会伤心的。

今天在寝室里，您说您真是白疼了我一场。这真的让我很难过。老师，您没有白疼我，是您让我知道了生命的价值，还有爱情。如果没有您，我不会知道生活是一面镜子。请您原谅我的所作所为。我知道我这根刺扎进去，就算拔出来，也会有伤口，可是我想，我的心您一定能理解。我就是做事不去看后果的人。我知道自己一身毛病，我只要去改，还是会有长进的。您对我说的每一句话，我都会铭记在心的，下一步，我知道自己该怎么做了。请您相信我，我不会让您失望的。

您的学生：格格

10 月 25 日

看完信，我想，我所带的这个班级，无论怎样给我惹麻烦，她们爱我的心是有的。我们做老师的拥有了这一点，夫复何求？现在我面对的首要任务是帮她排解感情上的困扰。想一想：外面有一个小宾在纠缠格格，她却又一见钟情地喜欢上了建照。这真的是一个多情而美丽的女孩。我总是非常同情这些多情的姑娘，她们所受的伤害往往比那无情的人多。何况她还有一个多病多灾的身体。

我首先给格格的妈妈打电话，对格格在学校的不好表现依然只字不提，只是问她是否知道格格有个叫小宾的同学，并将星期天小宾对格格的纠缠娓娓道来，希望她能找到小宾或他的家人，委婉地阻止小宾对格格的打扰。格格的妈妈也是一名教师，对我的做法心领神会，她隐瞒着格格，把事情处理得滴水不漏。而我在学校，却创造着一切机会，让格格体验学习的愉悦，还偷偷安排别的同学在课下有意无意地引导她、关心她，好冲淡她对建照的暗恋。

一年后，格格已经变得非常优秀了，且看以下日记：

2006 年 9 月 23 日　　　晴

让我轻轻地抱抱你……

校园歌手大奖赛里，格格演唱豫剧《红色娘子军》里的唱段《同心踏碎旧世界》。尽管她没有像别的同学一样化妆、做头发、租赁演出服，但我依然为她骄傲，为她的清纯、美丽和婉转歌喉而骄傲。

临时舞台搭在校园里，由上百张桌子拼凑而成，桌子上铺着大红地毯，舞台上方挂着浅粉、淡蓝色气球，灯光一打，舞台在夜色中显得非常浪漫。歌手们上台歌唱，间奏时便有要好的同学上场献花、献气球，气氛烘托得极热烈。

格格第八个上场，听着她一板一眼、颇入门路的唱腔，老师们惊呆了，只询问："这是她唱的吗？莫非没有消原声？"

我一面点头："这确实是她唱的。"一面款款走上舞台，给了格格一个轻轻的拥抱。台下响起雷鸣般的掌声。

因为，我是第一个上台给学生拥抱的老师！

我知道，在心理学里，导致错误地诠释生命意义的第一个原因就是身体缺陷。阿德勒说："这些儿童历经苦楚，难以感觉生命的全部就是为社会奉献自己。除非有亲密的人能使其注意力脱离自己的问题而对他人发生兴趣，否则他们只会关注自身。并且在当今的社会里，由于同龄人的怜悯、挖苦或对他们避之唯恐不及，他们的自卑感还会加深。这些环境都会使这些小孩变得孤僻内向，觉得自己不可能对社会有用，他们还会觉得这个世界羞辱了自己……"

格格很美丽，但一进校门我就发现她很孤僻，毛病很多。去年我没有读过阿德勒的书，但善良的天性使我一直很关注她，甚至引起了不了解内情的同学的不满，认为我太偏心漂亮的同学。直到有一天，我背着格格对学生说："任何一个人有这样的病，我都会像对格格一样温暖她、呵护她……"说这席话之前，我并不是没有考虑过要为格格隐瞒病情，只是担心她一旦发病，身边没有一个懂得急救的同学，会更加危险。那次我们师生约定：格格一旦有情况，必须立即拨打 120 急救中心。

如今，格格是全年级歌唱水平最高的同学。这使我深信阿德勒的话："这些与身体上的困难或环境困难抗争的人，往往造就各种进步和发明，这种抗争使他们更为坚强，也使他们奋勇向前！"

在格格成长的道路上，我愿意给她最密切的关注，使她的注意力脱离自己的身体问题。所以，我要不失时机地给她轻轻的拥抱，传达我的爱意！

再回首，我认为自己当时对格格和小宾、建照的事件处理是成功的。格格因身体原因自卑，我们若只是空口对孩子说："你很优秀，你很棒！你不该现在谈恋爱……"这等于治标不治本，她还会有被束缚、被干涉的感觉。所以，要真正帮助学生，必须赢得他们的信任，让孩子们感觉到师生的心是相通的，要走的方向是一致的。

有了师生间的理解和信任，教师的引导总会有事半功倍的效果。

"烹小鲜"时过于搅动固然不好，不闻不问却也很可能导致一半儿生、一半儿煳。因此最好的做法还是适度地引导。

三、巧用外力

老子云："多言数穷，不如守中。"即话语太多，反而更加使人困惑、逆反，不如持守虚静。我们的学生最怕老师啰唆，尤其是他们犯错误后，老师去重复学生早就明白的道理，不但会让学生反感，还会让他们看不起："能不能换些新招数啊！"但他们违反了纪律，我们又不能不批评。这时候，就需要巧用外力了。

杏儿迟到

早读时，杏儿又迟到了。

临近考试，学生却不着急，因天气寒冷，每个班级迟到的人都很多。年级长和政教主任在楼下堵截迟到的同学。

杏儿现在还没来，一定是被堵截在楼下了。

我不理她，只管在教室里说："我们要认真学习不是为了别人，同学们千万不能看见杏儿违反纪律，自己就跟着学。杏儿不好好学习，害的是她自己；你们向她学习，害的也是自己。"

我的话没说完，听到学校喇叭里在通知，让迟到学生的班主任去楼下领学生。

我一听自己的大名也被反复喊，便在班里任性地说道："我不去领杏儿，就让她冻一会儿吧！你们也记清楚了，我的心是很硬的，如果你们以后迟到了，我同样不会马上去领你们的。"

学生唧唧咕咕笑，知道我不是真的那么恨杏儿。

阴沉的天空不知什么时候开始飘起了雪花，风又是那样刺骨，片片雪花凌乱地打在脸上，一定生疼生疼。我对杏儿又生气、又心疼，领学生唱歌还一副心不在焉的模样，恨不能马上飞到她身边。但我还是绷紧了脸，强迫自己继续复习。只等早读将下课时，我才走出教室。

迟到的学生都还没有进班，一个个耷拉着脑袋在寒风里听班主任训话。杏儿穿一件鹅黄色棉袄，孤单单站在校园一角，脸冻得通红，楚楚动人，好不可怜。

我还需要重复别的老师的话吗？

我跑到杏儿面前，握住她冰冷的手，关切地说："冻坏了吧？早知现在要受冻，何不当初不迟到？"

想必杏儿已听了不少其他班主任的生气语言，正在盼望我的严厉批评，乍一听我关切的语言，竟说不出话来。

我捏捏她的棉袄，催促道："快回教室暖和去！"

杏儿却不走，抬起泪眼："老师，我以后不会再迟到了！"

我点头："我知道！你快回去！！"

可是，她以后真的不会迟到了吗？

我又摇头，快步跑向办公楼。不过，我相信她这几天是不会再迟到了。我是最后下楼的班主任，她却是最先回去的迟到学生，她难道没有任何体会吗？该说的，其他班主任都已经替我说了啊！

这是利用外班的老师、同学来教育杏儿，同时又深化了我们的师生感情。《道德经》有云：知者不言，言者不知。聪明的智者不多说话，到处说长论短的人不聪明。后来，杏儿进步非常大，和我的感情也是非同一般的深厚。半年后一次运动会上，她又一次违反纪律，我狠狠地批评了她两句，懒得和她说那么多。她当时也很恼怒。但没过半天，杏儿就开始没话找话和我聊天，我对她不理不睬，她便拉住我的手撒娇："老师，您理我呀！您理我呀！我以后再不敢无视纪律了……"

也许有的老师看到这里会疑惑：学生在老师面前撒娇，这正常吗？这其实是"讨好"老师，是不正确的。但我知道，只要老师头脑清晰，奖惩分明，学生愿意"讨好"老师，最少说明了他们很在意老师的看法，总比不理会老师要强得多。

原谅别人，就是放过自己

明天，就要放国庆长假了，紧张了四十多天的工作终于可以歇一歇了。

晚上，所有的班主任都在学校陪着学生，因为放假前是学生最浮躁的时候，是学生最容易出事的时候，我们丝毫不敢放松，几乎每一个班级都在放着电影。

我们班没有放，因为我没有背笔记本电脑。

本来，许晴有一个CD机，同学们租了两个电影碟子，准备从下午放学就开始播放。也许是碟子太旧了，常常放不出来。许多同学并不明白这是碟子的原因，晚饭时免不了开着玩笑埋怨许晴的机子不好用。晚上，当我和同学们都打算看电影的时候，许晴却非常生气，不愿意播放。

我问清缘由，忙笑着替冒犯她的同学向她道歉，教室里的同学也七嘴八舌向她说着对不起。谁知她忽然怒气冲冲地站起来，恶狠狠地说："你们别说了！反正谁要是让我不高兴了，我也不会让她好过！"

教室里一下子安静下来，同学们愣愣地看着我。我眉头一皱："你这算什么话！"转向同学们，继续笑着："今天晚上我们不看电影了，咱们唱歌，好吗？"

同学们很配合，更加高兴地答："好！"

"大家先齐唱两首歌曲，然后每个同学都上台单独唱，权当锻炼我们的心理素质了。总之，咱老百姓今儿个要高兴！要高兴！！"

赵微主持着，同学们一个接一个地上台歌唱，每当一个同学上台唱两句，台下会唱的都会跟着唱，气氛非常热烈。

许晴说完那句话就趴在桌上不动了，教室里的热闹更加衬托着她内心的孤独。但我不搭理她，让她自己去思索自己的错误吧。

两节课晚自习转眼就过去了，同学们兴高采烈地在走廊上和我说再见。明天就要回家了，她们是真激动啊！我转身也打算回家，却见许晴流着泪从教室里走来，忽然扑向我，大声哭着；"老师，对不起！我错了！"

我激动地抱着她，心想：她终于会向别人低头了！她终于会说"对不起"了！（她以前从不会说"对不起"的）我等她平静下来，才说："还记得军训时我们班和二班吵架吗？"

她点点头。

"那次，本来是我们班错误在先，但后来她们班也有错。大家吵得不可开交，最后是丁教官代我们班向她们道歉，可是她们还不能原谅我们。结果怎样呢？第二天，她们班长继续找我告你们的状，说她们被气得晚上没睡好觉，早上也做不好军训动作；而我们班的同学道完歉以后，就把这件事放到了一边，心情轻松地进行军训，反而取得了好成绩。"

接着我问："许晴，为什么我们向她们道了歉，她们还不高兴？"

许晴摇摇头，茫然地看着我。

"因为她们心胸太狭窄！很多时候，我们原谅了别人，其实就是放过自己啊！今天，本来是你受了委屈，我和咱班的同学都向你道了歉，如果你能原谅冒犯你的同学，我们就会一起过一个愉快的夜晚。可是，我们真诚地向你道过歉了，你却不肯原谅她们，还说不让别人好过。结果呢？同学们今天都是高高兴兴的，只有你自己不开心。许晴，还是那句话，人一辈子谁能不犯错误呢？得饶人处且饶人吧。"

看着许晴点了头，我说："不过你今天也有进步，会向我说'对不起'了。其实你最对不起的是你自己，你让自己过了一个多么难受的晚上。"

许晴不好意思地笑了。

我继续说："怎么样？说了对不起，是不是轻松了许多？以后记住了，做一个心胸开阔的人，做一个勇于承认错误的人，你会很快乐的。"

……

教学中，谁都希望得到学生的尊重，可是，却难免遇到学生的"不敬"。这时候，作为老师，我们该怎么做呢？

在许晴生气说"不让别人好过"的时候，其实也冒犯了身为老师的我（我当时正在给她道歉）。如果我大发雷霆，最后的结果是自己一肚子气，许晴一肚子气，全班同学都要和我们一样一肚子气。这是下下策；如果我苦口婆心去劝说许晴，效果也未必就好，我自己却也是忍气吞声。所以我不理她，只管带着同学们高兴，我要用事实、用行动告诉她：她错了！我要让她看着我们高兴，让她自己悟通、明白一个道理：任何人都难以左右别人的情绪。

当许晴认识到自己的错误的时候，我也并不详细分析她的过错，只是和她一起回忆过去的不快乐。事实上，和二班的冲突我们都记忆犹新，我当时的话也并不多，只是告诉她，她最对不起的是自己，就让她回去了。

所以，我感觉在教学过程中，很多时候"说"不如"不说"，或者不如"少说"。我们的学生什么都懂，最怕的是啰唆。等学生认识到自己的错误时，老师再适当帮他们分析一下，使他们的认识更深刻一些即可。许晴从不对人说"对不起"，甚至对妈妈也不肯说这三个字，但在我行"不言之教"中，她竟主动向我道歉了。此乃"知者不言，言者不知"也。

四、宁要真诚的生气，不要虚假的关心

青少年逆反心理最强，当他们违反纪律后，潜意识里可能也在期待老师的惩罚，我们强压怒火苦口婆心说教，说不定会让孩子认为老师虚伪，倒不如把自己最真实的一面亮给学生看，这会给他们似曾相识的亲切感，会给他们"自己人"的印象，又能引导他们学会将心比心的反思。这样的做法有些冒险，但偶尔一用，效果甚佳。所用对象主要是那些比较聪明、讲义气，而逆反心理强的青春期学生。

3 月 13 日　　　晴

孩子，你笑一笑……
——给插班生冬儿

孩子，你笑一笑，好吗？

你对老师笑一笑，对同学笑一笑，对妈妈笑一笑，对自己笑一笑，你的心情会朗润起来，你的世界会美丽起来的。

为什么总是紧皱眉头？为什么总是冷漠孤傲？你是一个很清秀的女孩子，你是将来的幼儿教师，你笑一笑，会平添妩媚；你笑一笑，会倍增亲和力。

但是，你的笑总是那么吝啬。

你是我们班的插班生。我们彼此还不了解，听说你在课堂上发言积极、思维敏捷，老师心里好欣慰。但看着你漠然的表情，我不知道你年轻稚嫩的心装了多少愁苦，以至于失去了笑的能力。

多么希望你能快乐起来啊！

那天，你旷课了。

我们班有规定，旷课一次要告知家长的，毕竟教育孩子是家长和

老师共同的责任。但你说你那天已经让妈妈替你电话请假，结果电话没打通。

我姑且相信你吧！但也要找家长证实一下。于是，你生气了！你一路走一路嚷地回到教室，将身上的外套一脱，就冲了出去。我看你冲动的样子，真的好怕你跑出校园出什么事——外面车水马龙，你这神情恍惚的样子，我怎么能不担心？我不知道为什么一声"告知家长"，就让你的反应这么激烈。我看着你怒气冲冲的背影，我听不清你说的是什么，只是快步去拉；可是我穿着高跟鞋，好不容易追上了你，你却将我友好的手绝情地甩开——当着那么多同学的面，我好尴尬。我问你去哪里，你也只是大吼，并不好好回答。在不了解情况的人看来，我们好像有深仇大恨似的。事实上，我只是你的老师，我们只是因为你的旷课而发生了一些争执。

下午，你回来了。我看你平静了些，便继续找你沟通。我说："你是不是感觉咱们的班规不好？"

"没有感觉！"你冷冷地说。

"是感觉老师不好吗？"

"没有！"依然是能让春水结冰的声音。

我不说话，深深地看着你，爱怜地看着你，我知道你需要老师的关怀。

你终于又开口了："如果我感觉咱们班不好，或者你不好，我就不会再过来了！"你的话总是那么斩钉截铁，你的话总是那么冲，我都不知道该怎样回答了。

缓一口气，我恳切地说："能告诉我，你为什么不想让妈妈知道你旷课吗？只要有理由，我会考虑折中的办法的。"

你恼怒地说："我不想说我们家的事，你不要问了！"

我意识到自己不能再忍让，便温和而坚定地说："那我只有和家长联系了。"

"只要你告知我妈妈，我就退学！"

你赌气回教室去了！留下我在走廊上，我一遍遍问自己，我该怎么办？孩子，老师对你没有恶意，只是想走进你的心里，你为什么紧闭心扉？为什么对我像有深仇大恨？你来到我们班还不到一个月，我没有得罪过你啊！

整整一个下午，我思索着你的忧愁、你的恼怒、你的冷漠、你的绝情，我实在想不通，你为什么那么不喜欢笑，你为什么那么容易生气。

我到论坛上找有经验的老师咨询，怎样缩短咱俩的距离。他们为我提了很多好的建议啊！可是，今天早上见了你，一切都没有用，你依然用一种拒人千里的眼光和语气对我。

我生气了！我终于生气了！！也用冷冷的声音说："别人用这种语气和你说过话吗？"

"没有！"

"你对别人也是这样的态度吗？"

"不是！"

我忽然委屈起来，声音也提高了："那你为什么单单对我这样？难道仅仅因为我是你的老师，就该这样受你的气？我不过是想帮助你，我不过是想了解你。难道，你真的认为老师、家长都不关心你的成长，不纠正你的坏习惯，才是对你好？"

说完我转身离去。

……

让我意外的是：今天的音乐课上，你投入地歌唱；课间，你认真做操；放学时，你主动找我说话，脸上分明还有笑意。

我惊呆了！

我忽然明白：面对不同的学生、不同的事件，有时候和风细雨地劝，倒不如生气、委屈地申辩；让学生理解老师，也很必要；教给孩子爱的能力，尤其重要。

我忽然感觉，你心中的冰在融化。

我知道，我们师生的心还没有走到一起，你旷课的问题还没有解决，我们之间还存在争执。但是，这有什么关系？我不急，现在，我只想说：孩子，你笑一笑，只要你常常笑一笑，整个人都会灿烂起来呢！

看上面的日记，不能不让人感叹，这真正是"教无定法"，有时候我们的宽容、爱心在学生那里是没有效果的。潜意识里，他们也许认为我们的宽容是虚伪的，所以才排斥。对冬儿这样比较聪敏，逆反心理极强，感情却脆弱（后来得知，她的家庭情况确实复杂，她问题的根源在家庭）的孩子，她当然需要真诚的关怀、讲道理、提醒，却更需要生气地质问，质问她何以如此无理。其实，老师偶尔的反常——冷漠、讥讽、愤怒，在特定的时候会有效果。比如在"教育在线"论坛上，有一个老师写了一篇《我骂学生是"人渣"》的文章，老师竟然把学生骂上了正路，骂得学生改了邪、归了正。从这一点我们得知，要帮助学生，确实有必要研究他们的心理，但这样的骂有条件。比如，第一，这个老师应该是平时比较关心学生，很少发脾气，很少讥讽挖苦学生的老师。第二，教师手里有真凭实据，话虽过火，但不是空穴来风。第三，班级稳定，犯错学生没有什么支持者。第四，挨骂者本人具备转化的条件。再回头审视我对冬儿的质疑，只是有一点点咄咄逼人，但是也正好符合了这几方面：我平时很关心她；她的做法确实无理；班里尚没有她的支持者；而冬儿本人也属于有悟性的孩子。因此，我的咄咄逼人才有了效果。

但是，"咄咄逼人""迎头反击"万万不可用上"瘾"，老师若时不时地对学生大发雷霆，必然会降低自己的威信。

五、以退为进

老子曰："将欲歙之，必固张之；将欲弱之，必固强之；将欲去之，必固举之；将欲夺之，必固予之；是谓微明。柔弱胜刚强。"

这段话的本义是：想要收敛它，必须暂且扩张它；想要削弱它，必须暂且加强它；想要废弃它，必须暂且支持它；想要夺取它，必须暂且给予它。这就叫深沉的预见。柔弱必定战胜刚强。

现代人说"退一步海阔天空！"和老子的言论有异曲同工之妙。在我们的教学生活中，老师和学生产生矛盾是不可避免的。当我们有了矛盾后，双方若只想着自己的道理，必然越想越委屈。若老师明智一些，先说自己的错误，学生定会给我们更多的理解。下面的日记是我刚刚经历的事情，进一步论证了老子的观点。

2008 年 3 月 15 日　　晴

"造 反"

星期六中午，班长美玲来找我："老师，您今天不准小静的假，咱们班同学都非常不满意，说下午要开您的'批斗'会呢！"

我笑问："为什么啊？"

美玲说："人家小静下周二过生日，想回家一趟，明天下午就能赶回来，又不耽误上课，您为什么不让她回家呢？何况，咱以前也说好了，同意不同意学生回家，要大家举手表决呢！您怎么能一口回绝？我们都相信小静明天下午就能赶回来。所以，今天下午您就准备挨批吧！"

我笑着朝她点头，想起来上午小静找我请假，我一听她是下周二生日，只担心她明天下午赶不回来上晚自习，以后同学们都会向她学习，也会因为过生日而找我请假。所以，我想都没想就拒绝了。没想到这帮孩子竟要"造反"了。

下午预备铃响后，我简略谈了一下班级近来需要注意的事项，笑问："听说，有人要'造反'？要开我的'批斗'会？"

同学们笑着说："老师，您怎么知道的？"

我说："好了，'李迪批斗会'现在开始，你们发言吧！"

学生又笑。琳琳说："您为什么不批小静的假？"

我也说："是啊，我为什么不批小静的假？她不会耽误上课的啊！"

学生呈迷茫状，我继续问："谁来说一下，我为什么不批她的假？"

有人小声回答："怕我们以后有事没事都找您请假吧！"

我说："还有呢？"

没人说话。我说："还有，我怕她不能按时回来。上周日就有人回家后，没有按时返回来，我害怕了。"

别的同学纷纷说："不会的，老师，我们相信小静不会旷课的。"

我说："哦！相信她能按时回来的同学举手。"

全班同学都高高举起了手，我对小静说："你现在回头看看有多少人相信你、支持你。"

小静笑说："老师、同学们都放心吧！我以前从没请过假，这一次一定会按时回来的。"

我转向同学们："现在，同意小静回家的举手。"

全班同学又一次高高举起了手。

我对小静说："希望你不要辜负了同学们对你的信任……"

下午两节课后，小静回家了。我对自己今天的做法很满意。想一想，若没有同学们两次举手表决，小静明天未必能赶回来，而别的同学以后过生日，肯定也会和她攀比。到那时，我再要求大家都不要请假，只怕就没有人乐意了。而我当初不批准小静的假，本来就是担心她周日不能按时回来，耽误上课。现在解决这一问题了，我又何必非要死心眼子，让她留在学校？

2008 年 3 月 18 日　　晴

小静的生日

一大早美玲来找我说："老师，今天是小静的生日，我们寝室的同学中午想请假出去为她庆祝一下。"

我问："全寝室同学都去吗？"

答："是的。"

"那以后别的同学过生日怎么办？"

美玲："我们也一样为她们庆祝啊！"

我点点头说："好，这件事情我知道了，你先回去吧！"

上午前两节是我的音乐课，同学们歌唱露出疲惫之色时，我说："现在咱们一起祝小静生日快乐。"

优美的歌声响起来，小静感动得眼圈都红了。歌声停止后，小静说："谢谢老师，谢谢同学们。我以前过生日都是在家里，爸爸忙，也顾不上管我，妈妈为我做些好吃的，就算过生日了。这是我第一次接受这么多同学的祝福，我会铭记一辈子的。谢谢你们。"

教室里响起了热烈的掌声。

我问小静："以前都是你妈妈给你过生日吗？"

小静点头："是的。"

我说："其实，你的生日，是你妈妈的受难日，那是她到'鬼门关'走了一趟啊！同学们可能不知道分娩有多疼痛，我举一个例子：女孩子来例假常常会肚子疼，有时候疼得上不成课。你把这个疼痛扩大 100 倍，就是分娩时的疼痛。"教室里一片哗然（我们是纯女生班级），她们自然想起了自己的性别，我淡淡地说："所以，今天最应该得到礼物的，是小静的妈妈。"

教室里顿时安静下来了。

我继续说："今天，小静寝室的同学想到外面酒店为她过生日。我先不说自己的态度，只谈亲身经历的一件事情：今年寒假，我遇到了我童年时的伙伴，才 30 岁出头，就满脸沧桑。问起来她的收入，她说，整整一个冬天，她都在为煤球厂打煤球，中午也不休息，一天挣 25 元钱。看表情，她对这样的报酬很满意。我当时感慨万千：一天才收入 25 元钱，怎么能够满足生活里柴米油盐酱醋茶的开支？还有衣服、被褥、医药费，她的孩子若在我们班上学，也能这样今天为这个同学过生日，请客吃喝一顿；明天为那个同学过生日，请客吃喝一顿吗？你拿着的是父母的血汗钱啊！真是不当家不知道柴米油盐贵，父母在家里恨不能把一元钱掰成两半用，同学们却这样大手大脚。大家应该体谅父母的辛苦！"

有学生连连点头。我继续说："我不是认为不该为小静过生日买蛋糕请客，而是感觉有的同学家庭经济条件好一些，每个月出去凑钱过几个生日也能承担得起；有的同学家庭条件不太好，若别人都去，她怎么好意思说不去呢？为这个同学过了生日，又怎么好意思不为别的同学过生日？这不是让人作难吗？你们还是学生，若拿父母的血汗钱做这些事情，良心能安生吗？所以，我今天不同意你们出去凑钱祝贺。"

班级里一片寂静。

我以为同学们听了我的一席话，不会再有心思出去，没想到三节课后，美玲又来请假了："老师，我们商量好了，还是想出去为小静过生日。"

我问："那别的同学过生日怎么办？"

"到时候再说吧！今天大家都同意出去庆祝一下，您就听同学们的意见吧！您不是经常说做事要讲民主吗？我们不花父母的钱，国家每月给我们职业学校学生发 150 元钱呢！这是我们自己的钱。"

我一听就生气了，进教室说："今天别再说什么让我听多数同学的声音，我再强调一遍，我不同意你们出去花钱庆贺。咱们举一个简单的例子：一个寝室 8 个人，除去过生日的同学，按 7 个学生计算。现在即使有 6 个同学家庭经济条件好，都愿意庆祝朋友的生日，还有一个同学经济不太好呢！你们让她怎么办？出去庆祝吧！没钱；不去吧！面子上过不去。所以，这一次少数服从多数行不通，我不允许你们这样铺张浪费。国家每月给每个职业学生 150 元钱，给的是你们的生活费，不是让你们请客吃饭的。若要祝贺她生日快乐，不花钱的方式也有，为什么非要坐到饭店里？要不，我们全班也可以共同过一次生日。"

有学生说："生日也有全班集体过的吗？"

我说："有什么不可以？不就是为了高兴吗？等过几天咱就一起过生日。"

看多数同学已经认可了我的说法，正打算走出教室，却听得身后婷婷（前文"辣妹子辣"有她的故事）骂："真恶心！"

我气得发抖，转回来说："我恶心了吗？你自己也设身处地为别的同学想一想。她们没有明确反对你们出去庆祝，那是因为有苦衷……"

走出教室，却感觉学生并没有完全认可我的做法，尤其是小静心里一定不好受。同学们都愿意为她过生日，老师阻止什么呢？于是，我分别给小静和婷婷的家长打了电话，很委婉地希望他们能尽快做好孩子的工作。两位家长也非常配合。午饭后，美玲来了，朝我道歉："老师，对不起，我们都没想那么多，不该让您生气。"

我笑说："你不用道歉的，倒是婷婷骂了我，她该来找我解释。"

美玲说："婷婷不是骂您，她就是说话带口病，习惯了。"

我说："她是习惯了吗？那我就更不能轻易原谅她了，必须让她吃够带'口病'的亏，她才有可能改正。"

静下来我却又在叩问自己：我整日里谈民主，但这次我这是民主作风吗？

2008 年 3 月 19 日　　晴

师生情深

坐在自己的陋室里，我继续反思着自己近几天所做的一切。也许，我真的错了。

早会时间，学生会的干部来班里检查卫生纪律，发现小静和婷婷仪容仪表不合格。小静戴了一条用红绳子穿起来的玉石项链，婷婷戴了一枚银色戒指。学校早就要求学生不准佩戴这些物品，从内心深处讲，我也感觉她们戴这廉价的首饰不好看。以前要求几次，她们都不听，这次我干脆把两个人的首饰没收，说："等你们毕业的时候再找我要。"

小静哭了。

想一想，上周六她请假回家，我不批准，导致全班同学抗议，最后举手表决；昨天她过生日，寝室同学要到酒店为她祝贺，又被我制止。万万料不到，今天她的项链又被我没收。

看着小静默默掉眼泪，我的心头有丝丝不忍，但自问没有做错什么，便假装没看见。不料小雨在下面用足以让我听见的声音嘀咕："老师，我们这几天对您有意见。"

我说："有什么意见，说吧！"

小雨说："昨天您不让我们出去为小静过生日，也就算了，竟还找家长告了状，让小静的爸爸把她骂了一顿。其实是我们主动要给小静过生日，她自己一直都不知道。"

我一听，她们竟然还是想不明白这个道理，生气道："道理我已经讲清楚了，你们偏偏不听，非要拿父母的血汗钱请客吃饭。好！你们尽管请客，我没意见了。反正花的也不是我的钱。"

我怒气冲冲拿着手提包就回到了自己的陋室。正擦着桌子，美玲带着小静和婷婷过来了，说："老师，您别生气。昨天晚上，我们都听您的话，没有花钱买东西吃，只是在寝室里做游戏，结果小静的爸爸打来电话，批评小静不懂事，说现在大家都不挣工资，不该铺张浪费。我们心里就特别不舒服，感觉我们都接受您的意见了，您完全没有必要再打电话给小静的爸爸。您若事事都这样告诉家长，我们以后有了事情，谁还敢对您说呢？"

我说："我告诉小静家长的本意，只是让他安慰小静，别让孩子以为我是因为不爱她，才阻止大家为她过生日。我实在是不能看着这铺张浪费的习气在我们班蔓延。"

美玲说："但是，家长不这样想。"

我说："我也没料到会这样。"

小静："其实我爸爸也没有说我什么，只是说大家都还上学，不能浪费。但是我感觉我们都接受了您的意见，您就不该再对家长说。"

我说："我给你爸爸打电话的时候，我们刚刚生过气，我真的不知道你们心里已经接受了我的建议。"

……

送走小静，我在思索自己的错误。我这次真的做错了。小静是那样懂事的一个孩子，这一段时间，我却总在和她闹矛盾。原来她们昨天晚上为小静庆祝的时候，小静爸爸批评了她们。难怪孩子们对我不满。尤其我今天不该在班里不听大家的辩解，就拂袖而去。一直以来，我认为自己在处理学生问题上还比较成熟，原来我还是如此鲁莽。而且，学生要请客的事情发生后，我不该急于和家长打电话。事实证明，我自己完全可以说服同学们，为什么要那么沉不住气，非要找外部力量的支持呢？

最难得的是，孩子们竟主动找我承认错误。

就在我写这样的日记的时候，上午第一节下课了，我收到了一条长长的手机短信："老师，您也别想太多，这件事情就算过去了。我们也不会想太多，希望老师也原谅我们的不懂事。我们以后不要说这件事情了。不知道老师感觉出来了没有，现在我们师生关系好像出现了问题。以前学生很喜欢您，也都很敬佩您。可现在为什么学生都不和老师一心了？老师有没有想过原因？当然也有可能是因为我们不理解您吧！可是我觉得，老师有时候做事方式不对，感觉您现在不太关心我们班级了，不太关心同学们了，同学们都感觉和您疏远了。我也知道老师有很多事情要忙，也知道老师有很多压力和烦恼，但是同学们心里都在想着老师，您也该和同学们多沟通沟通，了解大家心里在想些什么。我不知道该不该对您说这些，但是我知道我们师生关系不和的话，会让整个班级一团糟。我不希望我们班出问题，老师有时间的话好好想一下吧！也找时间和同学们谈谈心，我们不希望老师太高傲，希望老师再次和我们融合在一起，和以前一样让所有学生都喜欢您、敬佩您。我不知道老师会不会听我说的这些话。有时候我会很任性，而让老师您伤心，这是我的不对。可是我现在不会向您道歉，等到老师变成以前那个样子，我会向您道歉的。我会改脾气的。希望老师也有所改变，期待我们师生融合的一天！老师，如果我伤害了您的话，还希望您谅解。"

看着短信，我的眼泪瞬间盈满眼眶。我这里还没有安慰同学们呢！她们却主动找我沟通了。多好的孩子啊！这段时间实在是我的不对了。我急忙发短信回去："谢谢你，我正在反思自己的错误呢！看了你的短信，我好感动。能告诉我你是谁吗？"

片刻间短信发回来了："老师，我是婷婷。"

　　是婷婷，是那个骄蛮任性、刁钻古怪的婷婷，是昨天骂我"恶心"（是带了口病）的婷婷，她曾经那样得理不饶人，如今却在提醒我要想想自己的错误。这样的孩子，我怎么能不喜欢呢？这样的孩子，即使考不上大学，又有什么关系呢？她有一颗火热的心啊！

　　马上要上课了，我回短信说："谢谢你！婷婷，你认真听课吧！"

　　然后，拿出纸笔，开始给同学们写信。

同学们：

　　我下午要出去参加"名师"博客培训，所以，当你们读到这封信的时候，我不在学校。而且，我也没有勇气再面对你们真诚坦率的目光，没有勇气亲自把这封信读出来。我感觉自己今天做得太差了，根本不算一个"优秀"班主任。我常常让你们顾全大局，可是我这段时间总是任性、赌气，还在班里和你们这些比我小十几岁的孩子闹矛盾。比如早上我说的那句话："道理我都说过了，你们偏偏不听，偏偏要继续浪费，现在我没意见了。反正你们浪费的不是我的钱……"这样的话，就不该由我这做老师的说出来。我当时根本就没有了解情况，以为你们还是想出去请客，就发了脾气。其实事情不是这样的，你们都是好孩子，你们的心扉是敞开的，早接受了我的建议，你们今天只是对我和家长联系有意见。可是我没有静心聆听，只是自以为是。在气头上，我感觉自己和家长联系没有过错，但现在静下心来想一想，对于我完全能处理好的事情，我为什么要那么急于获得外部力量（家长）的支持呢？全怪我沉不住气，犯下了"得理不饶人"的错误，导致了我们又一次不快。我真的让小静受委屈了。对不起！小静，你原谅老师吧！

　　今天，我收到了婷婷一条很长很长的手机短信，她在提醒我反思，提醒我这段时间的失误。我读着短信，几乎要被感动得流下眼泪了。

我一直以为婷婷很任性，自己很成熟，却没想到她如今在提醒我冷静。这学期我确实有些冷落同学们了，对此，我当然可以说出很多理由来，比如，许多意料不到的事情扑面而来，令我猝不及防；重重压力接踵而至，让我应接不暇。这学期正课 17 节，跨着一、二、三年级的课，还要辅导升学班的专业课，要辅导学生参加技能竞赛，我自己要上观摩课，要建立名师博客，要读书，要写作，要外出学习，要承担上级布置下来的课题任务，要为本校老师们办讲座，还有许多琐碎事，要做家务、照料孩子，等等，这一切都让我的生活失去了原有的平衡，让我经常有力不从心的感觉。但是，我不能忘记春节间师傅对我的告诚："作为我的徒弟，你最大的成果应该是把自己的班级带好。"所以，收到婷婷那条短信后，我就开始梳理自己的头脑。我必须每时每刻提醒自己，在工作上，我最应该做的事情，还是走进同学们的心灵。其他的事情，可以量力而行。以后的日子，我会尽最大努力和你们在一起。我希望同学们不要和老师记仇，昨天的事情，就掀过去吧！以后，我考虑问题会尽量周全些，我们都要多做换位思考，我能说服同学们的事情，不会再找家长联系帮忙了。我虽然比你们大了十几岁，但我也在成长，在这里，我要特别感谢婷婷的真诚提醒。一个好老师，也是由众多学生培养的啊！让我们互相关心，一起进步。希望我们师生感情能像以前一样和谐。

下午，我到教育电视台参加"名师"博客培训，学生在学校看了我留下来的信，不断发手机短信来安慰我：

小静：老师，我错了，我不该这么不懂事，让您伤心。我爸爸是个严厉的人，他对我要求一直很严格，所以我特别害怕他。是我错了，您原谅我吧。（我回信说：老师也有错误啊，我们相互原谅。）

美玲：老师，对不起，我不该当着那么多同学的面向您发难。不过您确实不应该告诉小静的爸爸这件事情。因为那个道理由不同身份的人说出来，会有不同的味道。真的对不起，老师。

梦丹：老师，您不要难过了，您的胸怀是那么宽广，您的学生也是好样的，不会计较那么多。您不要在乎别的，要开心起来啊！同学们都理解您的意思。

小庆：老师，您确实不应该给小静的爸爸打电话，您说的那席话也伤了她的心，刚才读了您留给我们的信，我非常感动，婷婷都哭了，我也流泪了。我能体会到您的难处，带52个女生不容易，您是最优秀的班主任。这段时间同学们太任性了，希望我们能在您的带领下再懂事些。

琳琳：老师，读了您的信我哭了。您是我认识的老师里最让我佩服的老师，您已经很棒了。这次的不高兴，大家都把它当成了我们班的小挫折。同学们是爱您的，希望您开心起来。我们都支持您。

……

读着这样的短信，我又一次感觉，自己的心和学生又近了一层。

在上面的案例中，老师和学生都犯下了错误。师生当时因为对民主概念理解不透彻，误以为班级民主完全是少数服从多数。所以，在学生要请假出去过生日的时候，我凭着感觉不批假，心里却忐忑不安，只担心自己的行为是专制的，而学生当时也确实认为我很"专制"。后来我带着困惑去学习，才知道对有些常规，班主任本身就有权力决定，这和专制不相关，因为这是老师的职责，否则老师是失职。比如，对学生的作业要求。老师说要做，有学生说不做，怎么办？"民主吧，投票！"结果怎样？大家都说不做作业！布置作业并要求学生做，这是教师的分内事。老师不履行自己的职责，这不是失职是什么？

但那时我们师生都没有认识到这些，导致了彼此间的矛盾。当矛盾产生，而师生的思想理论还不成熟时，我们做教师的该怎么办？如何才能有效沟通？

最好的做法就是"退一步海阔天空"。本来是师生都有错误的事情，我却在学生的私下提醒后，专门写信向学生公开道歉，这"退一步"的认错举动，没有让老师丢"面子"，却赢得了师生更加深厚的情义。

六、公平、公正、尊重——赢得"问题学生"的信任

一个月前，我接到了西安户县一个陌生老师的来信，他在信中提出了很多困惑，其中有一条是："李迪老师，我感觉您和学生的感情很深厚，像朋友、姐妹一样，我怎么才能做到这一步呢？……"

不错，老师也是一个普通平凡的人，也有自己的喜好。对那些观点有偏差的问题学生，我们实在喜欢不起来，怎么办？我认为，对这些学生，我们可以不爱、不喜欢他们，但必须尊重他们，做事只要公平、公正，就能赢得这些孩子的信任。

下面的故事，是我在 2007 年带一个新生班级的时候发生的。

2007 年 9 月 26 日　　　晴

运动会

按照惯例，今天、明天学校举办秋季运动会。这是班主任一年里最辛苦的两天，早上 6 点从家里出发，6：50 带着学生，穿过条条马路、立交桥，步行 40 分钟到达运动会现场。中午班主任带领学生就近吃饭，提心吊胆预防着初到都市的农村孩子和当地人发生矛盾。吃过午饭，老师们就带领孩子们随地坐在运动场上休息。如此年复一年，学生虽然兴致勃勃，班主任们却多少有些疲惫不堪。

下午运动会即将开始的时候，芊芊泪流满面来找我了："老师，我

想和您谈话。"

我不禁一愣，回想起了关于芊芊的班级故事。

芊芊是一周前来到我们班的新生，一望而知有许多毛病。家住郑州市小杜庄，属于城乡接合部，仅仅依靠房租，每月也有不菲的收入，何况她的哥哥开了两家大酒店，一个歌舞厅，家庭条件相当好。但据她自己说，她家里人几乎都是初中毕业文凭，她相信"有钱能使鬼推磨"这句话。因此，芊芊一来到学校就显示着自己的优越，迟到了还满不在乎，上课吃零食，不但不听同学们的劝告，还向周围人分发零食吃，随手乱丢垃圾。她明确告诉我，她看不起乡下人："我哥哥也看不起乡下人。有时候乡下人到大酒店吃饭，竟然还讨价还价，真是丢人。最后他不也是照价付款了？丢那样的人做什么？"

周五下午，芊芊去找我们的副班主任请假，说周六有事，不能来学校（她不敢找我请假）。周一上午，我因为到济源听张万祥老师的讲座没有回来，芊芊上了两节课后就不辞而别，我到处打电话找寻，她却一直到周二下午才返校。一见面，我刚刚说了两句，她便拉着我的胳膊撒娇说："老师，我以后绝对不旷课了。我妈妈整天在网络上看您的文章，对您崇拜得很呢！您相信我。"当时，我看她一副怡然自得的模样，忽然就不想多说什么。我也是农村出身，家庭条件实在难以和芊芊家相提并论。也许，在内心深处，芊芊也看不起我？她这次来学校，可能仅仅源于她妈妈听我们领导说我带班还可以。

我在考虑着怎么帮助她树立正确的是非观：在她不能正确认识自己之前，在她不能真正为我折服之前，我的一切话，可能都是无用功。

所以，对那一次旷课，我打定主意后，便和气地朝她笑着说："我不太相信你的话，我想看你的行动。咱们学校明天召开秋季运动会，你能保证运动会期间和同学们同出同进吗？我们要步行到运动场上，很远的。"

芊芊："我坐车去好吗？"

"不好。同学们都不坐车，我不能对你网开一面。这也是对你的磨炼了。"

芊芊很爽快地答应了。

内心深处，我实在担心芊芊在班里掀起虚荣浮躁的风气，导致同学们攀吃比穿。晚上（芊芊是走读生，不上晚自习）我在班里明确表态："很多时候，老师确实想很公平、公正地对待每一个同学。但老师也是凡人，我们也有自己的喜好。比如我，就特别喜欢能吃苦、有规则意识、爱学习、乐于助人的学生。在我们班，无论你出身贫贱还是富贵，无论你生活在繁华闹市区还是在穷乡僻壤，我们的灵魂都是平等的，都是高贵的。请同学们记住这一点：不要爱慕虚荣，不要趋炎附势，更不要接受'嗟来之食'……"

同学们何等聪明，其实早看出了芊芊看不起乡下人，而且她们几乎全部来自农村，自然很赞成我这样的说法。

莫非，芊芊侧面打听到了我这一席话，她感觉自己受伤害了？

今天早上，芊芊很准时地来到了学校。看得出来，她没有多少坏心眼，虽然嘴里说看不起同学们，却依然很随便地和大家嬉笑，只是言谈间不太懂事，要么唐突别人，要么不知深浅胡言乱语，显得修养不够。芊芊一上午不停地去买零食吃，有时候不在自己班级里坐，到处乱跑。我知道她的性格、习惯，倒不怎么严格要求，同学们却忍不住对她侧目了。

如今，芊芊梨花带雨般坐在我面前哭诉："今天中午，我迎面看见一个女孩子——似乎是二班的学生，叫云霞。她莫名其妙朝我笑，我就和她打招呼。她问我：'你家在哪里住？'我说：'小杜庄'。她不阴不阳嘲笑说：'小杜庄？还大肚庄呢！你为什么不去找你们班的女孩子玩耍？是不是你们班的学生都不喜欢你？我听说，你们班学生和老师都不想要你了。你做学生混到这份儿上，还有什么意思？"

芊芊显然是被说到了痛处，言语也不饶人，两个人当即就冲撞起来。云霞冷笑说："你别以为你自己有多么了不起。若真是咱们俩打架呢？你们班肯定没有一个人帮你，因为她们——包括你的班主任都不喜欢你。"芊芊描述着当时的情景，哽哽咽咽，简直要背过气去。我惊问："她怎么知道我们班不想要你？"

芊芊答："她说她今天上午无意中听我们班女孩子说的。"

我一下子明白了，肯定是芊芊上午到处乱跑，影响了我们班的纪律，大家——尤其是班干部，气急了说："咱们班怎么来了个这样的学生，倒不如不来的好。"因为这些话我已经不止一次听说过了，也曾经制止，但没有强硬要求。真没想到，云霞竟然在听说后毫不隐瞒全部告诉了芊芊。我心头恼火，顾不上劝芊芊，极目找寻云霞和我们的班干部。其实，我对云霞也不陌生，新生入学刚刚三天，我就听她的班主任说，云霞和同寝室里一个女孩子发生矛盾，竟然拿起别人的核桃粉，往那个女孩子的床上撒。她显然也是个不会和同学相处的孩子。

但我们班的事情，她何苦要插一竿子呢？

云霞来了，我当着芊芊和班干部的面，温和而坚定地说："芊芊有很多毛病，我和同学们早就知道。如今，我们都愿意帮助她，她自己也有心向上。我相信她进步会很快的。前天我还和芊芊订下了口头协议，说无论我怎样批评她，无论同学们怎样冷落她，她都不能有退学的念头，因为我们内心深处是爱她的。你问芊芊有这回事没有？"

芊芊忙点头。

我说："芊芊有了错误，我会严厉批评；她若受了委屈，我一样会心疼。所以，你听到的关于我们班不想要芊芊的话，不是事实真相；你所说的没有人帮她的话，也没有依据。希望你以后不要再因此伤害她。"

　　不等云霞回答，我就让她回班了。剩下的工作，她的班主任凤儿老师自然会替我做。（我和凤儿带平行班已有好多年，彼此配合极默契。）这边芊芊已经感动得又一次要流泪，我不失时机地说："你以后不要轻易和不认识的人打招呼，明天也不要再买零食吃了。"班干部们也说："我们也想喜欢你，可是你总不遵守纪律，总是拉我们班级的后腿，也难怪同学们要有这样的议论。只要你和大家一样热情积极，为班级争光，我们哪里有不喜欢你的理由呢？"

　　芊芊在一边连连点头。我知道，自己这一举措为她挽回了面子，也拉近了师生的心理距离。现在我无论说什么，她都会接受的。

　　但同学们心里又是怎样看待她的呢？

　　芊芊显然是给一点阳光就灿烂，一个下午一直亲热地和我坐在一起，时不时地还摸索我的腿，让我很不习惯。有一次我正和别的同学说话，她忽然不言不语站在我身后，轻轻伸手抚摸我的光胳膊。我不知道是她，吓得差点跳起来。同学们见状齐声阻止："你不要这样吓老师好不好？"又偷偷对我说："她总是这样对我们动手动脚，实在让人难以忍受。"

　　看来，帮助芊芊的道路，注定了崎岖蜿蜒。我该怎样在不伤害她的前提下，让她认识到女孩子并不欢迎这样的亲热举动？

　　晚上回到学校，我对同学们说："任何一名学生都有自己的毛病。我若是看见你有毛病就驱逐你，不让你在咱们班，这个教室里还会有多少学生呢？无论芊芊有怎样的不足，她现在都成了我们班的一员。咱们所能做的，不是将她驱逐出这个集体，而是帮助她进步，拉她真正融入集体中来。作为一个班主任，我知道自己的力量是有限的，我很需要同学们的帮助。这里的帮助并非一味宽容、忍让她，而应该在她有一点进步的时候，我们马上表示鼓励、赞同；在她违反纪律，或者轻视我们的时候，马上表示冷落、疏远。在这样的冷热环境中，芊芊才会知道什么是应该做的，什么是不应该做的。她是我们这个大家庭的一员啊！同学们可不能随便说'不要她'这样的话了。别说你们没有权力不要她，就是我这个班主任，也只有帮助她的份，没有驱逐她的道理。"

如今回首反思，自我感觉这件事情处理得还比较圆满。芊芊认定了"有钱能使鬼推磨"，又看不起乡下人，我若只是苦口婆心说教，她必不信服。所以，我才带领同学们拒绝接受她赠送的小食品。没想到同学们单纯，看见她违反纪律，竟说出了"不要芊芊在我们班"的话。更没想到云霞会把这些话原封不动传给芊芊，并以此伤害她。我在得知这一情况后，并不追究我们班学生是否真有此言论。（追究下来也没有意义。）只是当着芊芊和班干部的面，告诉云霞：无论芊芊毛病多大，我都不会不要她，我们班的学生也有信心帮助她。这样既挽回了芊芊的面子，又在自己班级里杜绝了"不要芊芊"的言论。晚上对同学们说的一席话，也是想让大家真正学会去帮助别人、关心别人。

但愿我的学生能理解老师的做法。

2007 年 9 月 27 日　　阴

昨天太阳大得恨不能把人晒干，今天气温一下子就降低 10 度，我和同学们都没有思想准备，多数人只穿了件薄薄的长袖衬衣就来到了运动会场。一阵秋风吹来，女孩子们像小鸡一般往一起凑。中午休息的时候，我坐在塑胶球场上，看见我们班零落的学生就喊："'老母鸡'在这里呢！快来暖和一下。"同学们都被我逗笑了，这句话提醒了大家，有人提议："咱们做'老鹰抓小鸡'的游戏可好？"

我哪里有不答应的？自然充当了"鸡妈妈"的角色，同学们玩得热火朝天，欢声笑语引得周围许多同学的羡慕。芊芊也加入进来了，她今天一早过来，就交到我手上几块饼干："老师，我今天没有带钱，只从家里带了这些零食，您帮我保管着。我发誓，今天绝对不买零食吃了。"

一个上午，芊芊都没有问我要饼干。中午集合的时候，我看见地面上有洒落的锅巴，问下来，同学们说是芊芊掉在地上的。这么说，她上午还是买零食了。我有些不高兴，拿出来两张面巾纸，命令芊芊将丢弃的锅巴捡起来扔进垃圾箱。

芊芊小心地看着我的脸色，顺从地从地上捡起锅巴。

我万万没有料到，她是将自己买午饭的钱买了零食。下午我才听说，芊芊中午没钱吃饭，朝同学们借钱，谁都不借给她，她便一直饿着肚子。

我问同学们："你们怎么能眼看着同学挨饿呢？"

一个很文静的女孩子说："芊芊今天中午看见我，说：'你借给我3元钱好吗？'我刚要答应，她却问：'你是我们班的女孩子吗？'我一听就来了气，脱口说：'你根本就不认识我，怎么就朝我借钱呢？'"

我一听，这女孩子说得也有道理，便朝她点头，找到芊芊："你中午没钱吃饭，怎么不找我借？"

芊芊明显被感动了："老师，我说过今天不买零食吃的，结果将买午饭的钱偷偷买了零食，又怕被您发现，所以我不敢问您借钱。"

我生气地说："这也不是你饿肚子的理由啊！你现在快点去买面包吃。要不把这几块饼干吃了。"

芊芊笑道："老师，我不饿。"

尽管芊芊一再强调自己不饿，但下午临返校时，我还是将她上午给我的饼干还给了她。

却不料一路上芊芊一直在生闷气。回到学校，干脆又哭了起来，她找到我说："老师，我坚持不住了，我不想上学了。我感觉咱们班的学生都在排斥我。我以前无论到哪个学校都不缺少朋友，我和那些朋友在一起，像一家人一样。我比她们富有，她们和我也不客气。我从来没有像现在一样乞求过别人的友谊。现在我在咱们班，给同学们食品她们也不吃，我朝她们借钱也借不来。我感觉自己根本就找不到朋友。"

我很真诚地问："仅仅因为这些，你就坚持不住了吗？是我要求同学们不要吃别人的东西的，除非有同学说明了是请客。咱们班的女孩子家庭都不富裕，出门买东西实行'AA制'，省得大家因经济问题闹不痛快。你给同学们食品她们不吃，也可以理解啊。今天她们不借给你钱，确实不正确，但想一想，那女孩子说得也对。你根本就不认识人家，就朝人家借钱，她怎么可能不拒绝呢？你应该理解的。"

芊芊的泪水如珍珠般向下流："不仅仅是因为这些。今天您把饼干给我后，我给身边的同学吃——我是很真诚地想让她们吃，但她们都不吃。后来，有个女孩子说：'给我一块。'我忙送给她一整块，然后到前面找婷婷说事。回来的时候，身边的同学都朝我怪怪地笑。我问那个问我要饼干的女孩子：'你已经吃完了？还要吃吗？'同学们却笑说：'她把饼干扔进垃圾箱里去了。'"

我一听，心头的火就突突向上蹿："是哪个女孩子？你告诉我她的名字，她做事实在太过分了。"

芊芊忙阻止："老师，我不知道她叫什么名字。"

我说："你放心，我晚上就到班里说这件事情。我只想问你，你现在还认为'有钱能使鬼推磨'吗？"

芊芊迟疑着说："我现在有点不相信了，尤其是在咱们班。不过，我若到别的班级，一定会找到自己的朋友的。"

我点头："芊芊，你记住：凡是钱能买来的，都不是最宝贵的。人间最宝贵的友情、亲情、爱情，都是金钱买不到的。我在咱们班一直强调平等，我希望同学们都能成为一个'威武不能屈，贫贱不能移，富贵不能淫'的人。"

正说话间，办公室有老师找我。只片刻时间，我从同事屋里出来，迎面看见芊芊扎着两只手，弯着腿小步跑到我身边，扶着我的肩头，很暧昧地笑说："老师，有个男人给您送东西来了。"她似乎是找到了反驳我"富贵不能淫"的活论据一般激动。

我满腹狐疑跟她回到我的办公室，却看见我们学校已经毕业的一个男生，正向我办公桌下放微波炉、电磁炉、电饭锅等电器，看见我，说："老师，明天我表弟回老家，我让他帮我把这些东西捎回去。怕他们寝室不安全，今天先放到您这里。"我点头赞叹："好！好！你妈妈看见这些东西，肯定会很高兴呢！你刚刚挣钱就知道给家里买东西了，你妈妈真的没有白养你。"

这个男生和我一个村，参加工作后打扮得齐整了些，芊芊竟然认为他是给我送礼品来了。如今看我们这么说，一改刚才的惊喜，如霜打了一般垂头丧气。

我将男生送走，继续和芊芊谈心："你现在在班里的境况我很理解，你别忘记，我也做过差生，也曾经被全班同学孤立过。当我被孤立的时候，我知道逃避没有用。你也一样。不过，如果你想换班，我也可以帮你说情的，你自己决定吧！"

芊芊一定是想到了昨天云霞和自己的争执，说："我还是留在这里吧！我会不断挑战自己。但我实在不知道怎么成为同学们的朋友。"

我是真的被这个孩子感动了。她很多观点不正确，但那不是她的错，是她生长的环境、接触的人导致了她对事物不正确的看法。我现在能做的，只有一步步帮助她改正不良习惯，树立正确的世界观。

于是，我真诚地说："芊芊，我开门见山和你说话，你可别生气。"

芊芊："老师您说。"

"其实，你很可爱，但同学们不太喜欢你。她们除了不喜欢你目无纪律，还有一点：你总是摸人家女孩子的脸蛋、腰肢。"

芊芊说："我今天还看见政治老师班一个很帅气的男孩子，捏他们班女孩子的脸蛋。我感觉这没什么啊！像一家人一样多好？咱们班的女生，有些太小家子气了。"

我惊得杏眼圆睁："芊芊，你真的感觉男生随便摸女孩子的脸蛋没什么吗？我们都 17 岁了，是大女孩了啊！"

"可是，我以前的好多朋友都这样，这没什么啊！"

我忽然明白了：芊芊的哥哥比她大十多岁，开了歌舞厅。是否是她在歌舞厅里见多了这样的场景？我找不到反驳她的论据，一时着急起来，问："假设一下，若是你哥哥看见别的男人摸你的手臂，他会有什么反应？"

芊芊一愣，说："我哥哥啊！他说不定会打那个男人。今年夏天，有一个矮胖的老板，看见我一边笑眯眯地说：'这是你妹妹啊！'一边就去拍我的手，被我哥哥一巴掌打开了。"

我忙说："所以啊！女孩子的身体是不允许别人随便摸的。我们不仅仅拒绝异性触摸，很多时候，还拒绝同性触摸。你以后要记住了，可别再犯同学们的禁忌。"

送走芊芊，已经到了上晚自习的时间，我走进教室，对学生说：在咱们班，我一直在努力营造一个民主、平等、和谐的氛围。我前几天还一直对大家说：无论你出身富贵还是出身贫贱，我们在灵魂上都是平等的，都是高贵的。当富贵人家的孩子看不起穷人家的孩子时，我会阻止，会主持公道。但这并不是说，人家有钱人家的孩子，就应该没有尊严。"

停顿一下，我更真诚地说："今天下午，咱们班有一个同学问芊芊要饼干吃。具体是哪位同学，芊芊没说，我也不打算追究。在这里，我只想说：你若是真饿了，问芊芊要了饼干，就应该怀有一颗感恩的心，珍惜这块饼干。但你何苦问人家要了饼干，一转脸又把饼干扔进垃圾箱呢？我希望大家自尊、自重、自爱，不以贫穷而变节，可是，你也没有权力践踏人家有钱人的尊严啊！若是所谓的'平等''尊严'只对穷人有效，我看，这不是真正的平等，也不是我们所追求的和谐。贫穷不是我们的错，难道富贵就是人家的错？芊芊确实有很多毛病，她需要的是我们的帮助，而不是这样的伤害……"

同学们纷纷点头，表示认可我的说法。

我走出了教室，心头依然沉重。我不知道这些孩子到什么时候，才能真正理解民主、平等、自由、和谐这些词语的含义，但我会继续努力。

我和这些"问题学生"无论观点有什么冲突，感情却一向深厚，其中缘由，可能就在于公平、公正吧！

七、宠辱不惊，宁静淡泊——让自己成为快乐的源泉

老师的情绪能直接影响整个班级的气氛，这是大家都公认的。任何一个学生，都不会喜欢一个整日里唉声叹气、闷闷不乐的老师。所以，我们应该让自己成为快乐的源泉。

但是，怎么让自己快乐起来呢？

老子曰：宠辱若惊，贵大患若身。何谓宠辱若惊？宠为下，得之若惊，失之若惊。是谓宠辱若惊。

即受到宠爱和受到侮辱都好像受到惊恐，把荣辱这样的大患看得与自身生命一样珍贵。在老子看来，这样做是不足取的。宠和辱对于人的尊严之挫伤，并没有什么两样。受辱固然伤了自尊，得宠何尝不损害人自身的人格尊严呢？得宠者以得宠为荣，为了不致失去殊荣，便在赐宠者面前诚惶诚恐、曲意逢迎，总认为自己得宠是意外的殊荣，便担心失去，因而人

格尊严无形地受到损害。

所以，我们要保持独立的、完整的人格，关键就在于要让自己宁静淡泊，宠辱不惊。当我们无欲无望、乐天知足时，便可让一切忧愁尽早消散，让自己成为快乐的源泉，让身边的每一个学生都被我们的快乐感染。

我还清楚地记得，2005年冬，几个同事在和我闲谈中，对我表示深切的同情——他们一致认为我在单位里很"屈才""不被重视""怀才不遇""歪嘴骡子驴价钱"（骡子本身比驴能干，但因为嘴歪了，所以只能卖个便宜的驴价钱）。当时，我已经开始写班级成长日记，不断有文章发表，同时在一些教育论坛上遇到了志同道合的网友，我根本就没有什么"愤懑"，便反复对他们解释，说自己没有感觉"怀才不遇"。但他们如同心照不宣般不住口地点头："理解你！理解你！"似乎深知我的有苦难言。我当然知道他们是好意，他们在表达自己对我的同情和安慰。但这不符合事实，我没有什么"委屈"，当我将心思放到教师专业成长上后，早不在乎那些"身外之物"了。

那一天，我回到家里，就写下了日记《我本超然》。

我本超然

就喜欢这样简约而快乐地活着！

无非多一点风吹日晒，无非多一点浅饮淡喝，无非多一点披星戴月，这不算什么！

就愿意这样甘受寂寞地活着！请不要说我"怀才不遇"！

首先，什么是"才"？寸有所长，尺有所短。如果说我某一方面比别人强了一点点，相信别人在另一方面一定强我许多，我本超然！其次，我没有"不遇"的感觉，身边的人不都看到我的努力、我的成绩了吗？

"仙境不在远处，佛法自在心头"，心灵的井然有序才是最难得的。

所以，请不要用过去发生在我身上的不平事打扰我今天新的构思，请不要用他人侥幸的成功动摇我坚定的脚步，请不要用炫目的时髦撩拨我内心的寻找。我相信，上帝在为我关上一扇门的时候，一定会为我留下一扇窗的。何况，就算上帝他老人家给我关上了门，又忘记了为我留那一扇窗，那我怨天尤人也于事无补。

所以，请不要提醒我该为此恼怒、悲哀，给我一个宁静的心灵环境，让我重新恭敬地开始、谦卑地起步、孤独地酝酿吧！

请不要说我是"歪嘴骡子驴价钱"！

骡子的力气委实比驴大，骡子的价钱理应比驴高，可是，谁让骡子的嘴歪了呢？谢谢您同情我！但我早已想通：既然嘴歪了，卖个驴价钱也应该。请不要劝我改变自己，您要明白，让我将嘴正过来，需要多少时间啊！要察言观色，要阿谀奉承，我学不来的！我很清楚自己该干什么。我本超然，我宁肯自己卖个"驴"价钱。

请不要说我是"吃不着葡萄的酸狐狸"。

我想，如果自己真的是吃不着葡萄的那只狐狸，也决不会说葡萄是酸的。因为我知道那葡萄有多么甜。但是，无论葡萄多么甜，我也吃不着啊！与其在树下望着葡萄嫉妒、埋怨、徘徊、不平，不如低下头来找寻，说不定会在泥土里找到花生、红薯或土豆什么的。葡萄虽然很甜，花生也很香啊！

所以，您的好意我心领了！不必为我鸣不平！请不要再用您的关爱打扰我。如今我应该提醒自己的是：心灵的升华注定需要执着的生长，硕果的培育注定需要艰难的劳作，多少学生需要我的关注啊！我甚至没有工夫去考虑自己的得失了。

当然，您也可以说，我是在逃避，是"打落牙齿和血吞"。也许，您说得对！但我还是要告诉自己：

我本超然！

其实，一个人一旦有了超然的心，要寻找快乐，实在是很容易的，下面的日记也谈到了如何让自己快乐起来。

2007 年 1 月 6 日　　晴

快乐的源泉

今天星期六，我们照常上课。

下午上完课，只觉满眼阳光灿烂明媚，似乎能带动整颗心飞起来。回到办公室，一见《经典美文》，更加感受到生活的多彩，不禁长叹："人生多美！有好书读，有饭吃！"一边拿着茶杯接水，一边继续感叹："噢！还有水喝！"端端老师笑："看她美的！要得道成仙了！"

我更高兴："是啊！办公室里还有好朋友可以聊天！天哪！生活太美好了！"

风儿老师在一边撇嘴："哼！现在不嫌我们聊天打扰你了？"

我转身笑："谁说的来着？'朋友就是偷你时间的贼！'不就是因为谈得来，你们这'贼'才能偷得了我的时间吗？但我现在要加一句了：'谈笑有鸿儒，来往无白丁。'怎么样？"

端端对着我摇头："这个人今天不太正常！"

我又转身面向她："我正常得很呢！不是吗？有好书看——"

她接："要自己掏钱买的！"

我说："有饭吃——"

"两元五毛钱的盒饭！"

"有好朋友聊天——"

"偷了你的时间！"

"有周末可以休息——"

"可惜只休息一天！"

"还有学生可以爱——"

"彻底忘记自己被气哭的样子了！"端端反驳着我，却也一脸灿烂。

我将脸一仰："总之，我知足了！"

办公室几个人一起笑："看我们多么容易满足啊！"

谈笑着，思彤和许晴来找我要班费买印染纸，是为美术课上剪纸用的。我惊呼："嘿！你们不知道吗？咱们班费早没有了！你们已经欠我48元班费了！"

许晴连连点头："知道！我们知道！现在我们再借您12元钱，等做好剪纸先送您！"

我俯身大笑："哪有这样的道理？你们要送我礼物，却来借我的钱？"

许晴不理会，只一迭声地说："老师，给我们吧！等书费退回来我们就还账。"别的老师都瞅着我们笑，真是"多年的师生成朋友！"她们撒娇的本领都拿出来了，但也挺有意趣的。

骑自行车出来，又见思彤和许晴，思彤笑问："老师，您换了一辆自行车？"我也只是笑，不说话，许晴将大眼睛一斜，小声说："小心我哪一天给您的自行车放气！"

我撒下一串笑声："好！我等着自行车没气那天，管它是不是你做的坏事，我只找你替我打气。别的同学为我作证啊！"

如此一阵说笑，更加愉悦。我知道自己今天为什么这样高兴，因为我又发现了一本好杂志，并且已经订了全年。虽然近来手头紧，但有好书看，不亦乐乎？何况我们师生间的感情，是越来越深厚了啊！

人要幸福，不必有太多原因，一点点小事足以成为快乐的源泉。

附 录
不利于师生感情和谐的原因

如同任何一个乐曲的和声，行进中都会有极少数不和谐音程存在一样，师生交往中的不和谐音符，也难免出现。即使有十年班主任工作经验的我，也曾在师生关系中犯过不可原谅的错误。

2008年春，班里来了一个插班生瑞瑞。这是一个聪明、文静却又倔强的女孩子，她原先就读的学校没有开设音乐、舞蹈等课程，乍一来到我们班，在学业上难免有力不从心之感。但第一次上课，我就发现她的乐感很不错，我相信她不久就能跟上学业。因为当时我家里事情、班里其他事情格外多，就没有专门为她开小灶补课，也没有和她交流，只是像对一般有潜力的学生一样，去严格要求她。不料这样做造成了我们师生感情的隔阂。真正应了那句"拔苗助长"的话，瑞瑞对学习的兴趣一落千丈，课堂的很多内容她一知半解。她不敢在我的音乐课上旷课，却接二连三不上舞蹈课，在寝室睡大觉。我想当然地以为她是偷懒，每次到寝室叫她起床都是一副恨铁不成钢的模样，完全没有意识到即使她潜力再大，耽误了一学期的课也不是说补就能补上去的。当她第三次旷课的时候，我非常生气，说要通知她的家长。她脱口回答："你尽管通知好了，反正我就是不上舞蹈课。"

我恼怒，将电话打给瑞瑞的父亲，声称若瑞瑞再不改正毛病，就建议家长将她带回家去反思一段时间……

没想到，我这里刚刚离开瑞瑞的寝室，她的父亲就在电话里对孩子大发雷霆。瑞瑞放下她和父亲的电话，跑到办公室找到我大哭大闹一场，一迭声埋怨我不该向她的父亲告状（其实是她在气头上让我通知家长的。但孩子总是思索不了那么全面）；又哭喊说我根本就没有做到因材施教，讲课过于深奥，进度太快，她学起来非常吃力，因此，我所谓的"优秀"都是浪得虚名，我一点也不了解学生的内心，只是急功近利……

我万分惊奇，又颇感没有面子。瑞瑞失去理智的责骂当然有些偏颇，所以我先是激动地分辩，事后又耐心解释。但瑞瑞不听，只是哭泣、恼怒、发狠。时过境迁，无论我怎样与瑞瑞交流，师生间已有的伤疤也难以愈合。她对我的积怨越来越深，最终选择了辍学……

瑞瑞的辍学，永远是我心头的一道疤。没想到已经有了这么多年班主任经验的我，竟也有和学生解决不了的矛盾，并使一个聪敏的孩子厌恶学习。如今反思一下，瑞瑞本是一个有潜力、有思想、自尊心极强的学生。倘若我能适当为她开些小灶，也许，她很快就能听懂我的课，并对学习产生兴趣；倘若我每次到寝室唤她起床能耐心一些，多听听她的心声，别那么武断，她也许能理解我的想法；倘若我不那么急于和家长联系，不宣称瑞瑞不遵守纪律，就让家长带她回家反思，她也许不会大吵大闹；总之，倘若我不那么一厢情愿，倘若我不在情急之下为自己分辩，倘若我……

然而，世界上没有那么多的"倘若"。瑞瑞最终还是失学了。通过这个案例，我们可以知道，不利于师生交往的原因有以下几点：

一、教学单调乏味，无法激发学生的学习兴趣

在课堂上，教师教学一成不变、单调乏味，没有因材施教，业务水平不高或没有认真备课，学生没有掌握教师希望他们掌握的知识，或获得的

知识掌握得不牢固，不能同化到自己的知识结构中。久而久之，使学生对学习缺乏兴趣，逐步将注意力迁移到其他方面，形成固执、僵化的思维方式，稍不慎就可能迁怒于教师，认为是教师教得不好，才使自己学习成绩差，被人瞧不起。并易引起挫折感、焦虑等心理问题，使师生敌对情绪爆发。

二、作风武断，不听学生的见解

在学生犯错误后，教师不事先了解情况，而是根据这个学生在自己心中的固有印象加以训斥，或加以庇护。若学生试图辩解，教师就说学生想狡辩等。教师的这种行为会使学生认为教师不可理喻，专断独裁，因而对教师失去信任。与教师敌对的情绪就会与日俱增。

在上面的案例中，我得知瑞瑞违纪，不听解释，只是批评，作风武断，没有走进学生的心灵，师生隔阂自然会加深。

三、不当惩罚，教育方法失误

惩罚是对受教育者的不良行为给予的否定性评价，采取一定措施使之改正且内化为受教育者自觉约束力的教育方法，使用得当能达到一定的教育目的。但不当惩罚将对学生身心发展产生严重负面影响。如打耳光、罚跪、罚站、辱骂、讽刺、恐吓等体罚或变相惩罚，还有通过言语、暗示来打击、摧残、伤害学生自尊心，侮辱学生人格等。这种不当惩罚导致的严重后果直接表现为师生关系紧张，引起矛盾。

在上面的案例中，我没有惩罚学生，但每次呼唤瑞瑞起床，都是一副冷冰冰的样子，这也会让孩子心里难过，甚至"破罐子破摔"。

四、缺乏公正心态，偏心严重

我们说"爱美之心，人皆有之"。教师对某些品学兼优的学生偏爱一些本无可厚非。但是，这种缺乏公正的偏爱会带来很多问题。教师偏心会导致他们对不同的学生形成不同的期待，并表现在行为上。教师对差生的负面态度和行为会使学生觉得自己不如别人，容易自暴自弃。他们也会因此认为教师瞧不起他们，容易对教师产生讨厌心理，因而影响了师生间的交流，不利于师生关系的和谐发展。

与瑞瑞的交往中，尽管我没有轻看她的意思，但那严格的要求，却很容易让瑞瑞误会，认为老师的严厉，是一种疏远，是我在偏心别的同学。

五、形成家长观念，企图控制学生

许多教师都喜欢控制或命令学生，表现得专横而独裁。但学生却希望教师不要控制他们，而是给予必要的指导，民主平等地对待他们，与教师建立平等伙伴对话关系。

教师控制学生的行为不利于学生的心理健康发展。从学习方面说是降低学生的知识获取能力，从思想教育方面来说，青少年时期的逆反心理特别突出，教师越想控制学生，学生就越反感。学生一旦对教师有了抵触情绪，教师要求这样做，学生偏要那样做。发展下去，学生还可能对整个学校都感到厌烦，觉得教师和学校限制了自己个性的发展，敌对情绪日益浓厚。

六、推卸责任，对学生家长不满

教师与家长的交流是教师人际交往中的重要组成部分。教师与学生家长密切联系，保持和谐关系，是搞好教育工作的重要条件。但是，教师与学生家长在教育学生这一问题上时有矛盾产生。

教师与学生家长发生矛盾的时候，教师特别要注意不能在学生面前，特别是在全体学生面前表示出对某位学生家长的不满或鄙视，更不能迁怒于学生。否则，学生一方面可能敌视教师，认为教师瞧不起自己，瞧不起自己的父母，而且还要大家都瞧不起自己和父母，因而不愿再与同学和教师交往，严重的发展为不愿与任何人交往，我行我素，难以接近。另一方面学生可能会产生很不成熟的想法，比如"为什么我会生在这样的家庭?"，等等。这种想法进一步发展，学生就会玩世不恭，甚至对教师、学校乃至社会产生不满。

后记
老师的柔情， 学生怎样才懂

书稿初步完成了。我在想，自己写下这么多文字，到底要告诉读者些什么？我要表达的主题是什么？

我无非是想告诉朋友们，和谐的师生关系，最离不开的是爱、尊重和真诚罢了。

教育需要爱，这观点不新鲜。但是，很多时候老师的爱，学生却未必肯接受。就拿我自己所面对的学生来讲，她们的任性，她们的刁蛮，她们的桀骜不驯，她们的瞒天过海，她们所做出的一件又一件足以让人火冒三丈、手忙脚乱又哭笑不得的事情，只怕不是一个单纯的"爱"字就能应付的。君不见一些老师常常苦恼：我的爱，学生怎么就不稀罕呢？我的柔情，学生怎么就不懂呢？我也很想爱学生啊！可怎么就爱不起来呢？

老师的柔情，学生为什么不懂？其中的原因当然是多重的。而老师不讲尊重、没有科学，只是一厢情愿地将自己认为的"爱"施加给学生，恐怕要算不被学生接受和理解的主要原因之一。作为一线教师，我必须承认，当学生的突发事件摆在自己面前，我常常没有时间去思索、去选择，只是在凭着善良的天性做事情。善良的天性让我把学生当作一个个鲜活的"生命"去尊重。王晓春老师说："我若是学生，老师爱不爱我是次要的，最主要的是要尊重我。"李镇西老师说："尊重是民主的核心。"

　　是的，师爱里若不包含尊重的成分，便有居高临下的施舍之嫌，学生自然不懂，甚至要反感了。

　　除去爱和尊重，我赢得学生感情的另一个词，是真诚。

　　我本是个心无城府的人，没有冷静沉稳的办事风格，没有圆融豁达的交流技巧，更没有长远的目光和顾全大局的缜密思维，时不时地还要对亲朋好友——甚至要对学生耍一点儿小性子，怎么反而当班主任当得有滋有味？张万祥老师与我交往相处后，感叹说："李迪带班的顺利，就在一个'真'字。"网友们读过我的文章也曾说，通过文字，读者随时能触摸到一颗激烈跳动的心灵和最真实的感情，在受到伤害、遇到困难痛苦时，那簌簌的泪水、那紧锁的眉头和毫不自持的生气、宣誓、恼怒、愧疚、道歉，能让人感受到最真切的心，绝不虚伪、绝不矫揉、绝不造作。一件小事，一篇小文，一句嗔怪，一个眼神，或嫣然一笑，或几声牢骚……能让人有似曾相识的感觉，和心有灵犀的会意。

　　也正因我们的真诚坦率，师生的心灵距离才能大幅度缩短……

　　道家信奉"无为而治"，武林讲究"无招胜有招"，受此启发，我在反思自己的带班故事时，想起了一句歌词："是真情，是真感受，提起来就放不下……"陶行知曾说："你把小孩当小孩，你比小孩还小孩。"这不是说说而已的顺口溜，现在的孩子比陶行知时代的孩子接触的事物更多、更复杂，也更加聪明机灵，逆反心理相应更重，他们获得知识的途径多种多样，早有了自己的思想。他们最讨厌的，莫过于成年人的道貌岸然和虚伪。如此，老师对学生的引导，最有用的也许就是真感情、真智慧、真教育。

　　真的难以想象，人间若没有了真情，该有多么可怕。

　　书稿已经完成了！我曾经说过，文字有它自己的生命。文章定稿后，就不再属于作者自己，而属于所有读到它的人。所以，读者诸君，您若发现了文中有不妥地方，还望您不吝赐教。在这里，我向您表示深深的谢意。

2008 年 11 月 25 日

再版后记：

再次感谢长江文艺出版社及马蓓编辑，让我有机会阅读当年的日记。这于我而言，等同细数往昔的阳光。

再一次被温暖、被滋养的李迪，深深体会到命运的眷顾：感谢我的学生，他们是我生命中浓墨重彩、不可分割的一部分；感谢我的同事、领导，他们在陪伴着我成长；感谢那些曾经鼓励我的人，他们在拉着我前进；感谢那些曾经阻挠过我的人，他们在催着我前进；感谢十几年来笔耕不辍、至今依然在班主任工作岗位上的我自己……岁月不饶人，我也不曾饶过岁月。我能感觉到自己每时每刻都在成长，在进步。再版这本书，我补充并删减了很多文字。这也是我交给自己的一份答卷吧！

"回首向来萧瑟处"，或哭或笑，或吵或闹，或悲或喜……"也无风雨也无晴"。

被满满的感恩所充盈的滋味，您尝过吗？

温暖而踏实。

再版书稿完成，深吸一口气，我告诉自己，我的约誓是：我是一个美丽、智慧有影响力的女人。

路漫漫其修远兮，我将怀一颗雀跃欣喜的心，上下而求索。

感恩！

2020 年 5 月 26 日